国家社会科学基金青年项目(13CJL012)
陕西省“特支计划”青年拔尖项目
陕西省普通高等学校优势学科建设项目

国家社科基金丛书

GUOJIA SHEKE JIJIN CONGSHU

我国要素收入分配结构对经济增长质量的影响及其调整对策研究

A Study on the Influence and Countermeasures of Factor Income Distribution Structure on the Quality of Economic Growth in China

钞小静 著

人民出版社

序

新中国成立 70 多年以来，特别是改革开放 40 多年以来，我国经济发展取得了举世瞩目的成就，并于 2010 年顺利迈入中等收入发展阶段，到 2018 年中国人均国内生产总值已经达到 64644 元。与此同时，长期的转型与发展也带来了收入分配格局的巨大变化，尤其是 20 世纪 90 年代以后，我国要素收入分配结构发生了显著变化，资本要素收入份额呈现逐渐上升趋势，而劳动要素收入份额出现显著下降趋势。事实上，这一特征趋势并不是中国经济发展中的特有现象。70 年代以来，经合组织（OECD）国家的劳动收入份额出现普遍下降趋势。80 年代以来，世界范围内普遍出现劳动收入份额持续下降的现象。要素收入分配结构的这一变化已经成为各国政府和学术界最为关注的重大问题之一。党的十九大报告明确指出，我国社会主要矛盾已经转化为人民日益增长的美好生活需要和不平衡不充分的发展之间的矛盾，其中的不平衡与收入分配问题密切相关。由于在要素收入分配结构中劳动收入份额提升的重要性和紧迫性，现有研究集中于分析劳动收入份额下降的影响因素，但却很少涉及要素收入分配结构变化对中国经济发展所产生的影响，而对于这一问题的回答与深化收入分配制度的改革方向息息相关。

当前我国经济已由高速增长阶段转向高质量发展阶段。2019 年《政府工作报告》强调，坚持推动高质量发展是我国经济社会发展的总体要求和政策取向。在我国全面建成小康社会的决胜时期，促进收入分配更加合理有序是贯彻新发展理念、推动经济高质量发展的迫切需要。高质量发展在经济层面集中表现为增长质量问题，劳动收入份额的持续下降会对居民收入差距、消费需求能力、社会政治稳定等各方面造成极大的负面影响。那么，从质量视角去看要素收入分配结构的变化究竟是促进了经济增长，还是抑制了经济增长？从已有文献来看，大多数研究主要围绕劳动收入份额的演变趋势及其变化原因展开，但有关要素收入分配结构对经济增长影响的研究，尤其是要素收入分配结构对经济增长质量影响的研究却没有得到充分的关注。因此，对要素收入分配结构与经济增长质量之间关系的探讨，不仅可以发现要素收入分配结构对经济增长产生作用的新机制，还有助于我国收入分配政策的进一步调整与完善。

钞小静从硕士阶段开始就在我的指导下从事经济增长质量问题的研究，本书是她所主持的国家社会科学基金项目《我国要素收入分配结构对经济增长质量的影响及其调整对策研究》的成果，主要以经济增长质量作为价值判断，探寻我国要素收入分配结构优化的理论依据及其调整对策。研究内容包括：(1)要素收入分配结构影响经济增长质量的理论机理研究。分别从“条件—过程—结果”三个维度构建要素收入分配结构影响经济增长质量的理论分析框架，研究要素收入分配结构变化通过人力资本机制的总量效应与结构效应、消费需求机制的宏观效应与微观效应以及收入分配机制的单向效应与交互效应影响经济增长质量的理论机理。(2)我国要素收入分配结构的测算与经济增长质量的综合评价。分别从整体和地区两个层面采用要素法对中国1992—2015年间的要素收入分配结构进行精确测算，采用主成分分析法对中国1998—2015年间的经济增长质量进行综合评价，在此基础上使用核密度估计法对要素收入分配结构和经济增长质量的空间分布状态与动态演进趋势进行细致刻画。(3)我国要素收入分配结构影响经济增长质量的实证分析。以1998—2015年中国30个省、自治区(西藏除外)、直辖市的面板数据为样本，采用LSDV估计、系统GMM估计等对我国要素收入分配结构变化对经济增长质量的影响进行经验检验,选择空间计量SDM模型检验空间效应下我国要素收入分配结构变化对经济增长质量的影响方向,并采用Sobel中介因子法检验要素收入分配结构变化影响经济增长质量的中介机制。(4)我国要素收入分配结构与经济增长质量的地区差异分析。采用标准差和变异系数对我国要素收入分配结构与经济增长质量的地区差异进行精确测算,详细考察全国以及按自然区位划分的地区间要素收入分配结构与经济增长质量的绝对差距和相对差距,采用差分GMM、系统GMM方法、空间计量模型经验检验我国要素收入分配结构变化对经济增长质量地区差异的影响。(5)我国要素收入分配结构的调整对策研究。着重从优化产业结构、改善人力资本结构、推动城市化建设、提高对外开放度、深化国企改革、推进制度改革等方面构建我国要素收入分配结构调整的政策支撑体系。

本书以大国经济作为研究对象,以经济增长质量作为价值判断,构建我国要素收入分配结构优化的理论分析框架,在理论上具有鲜明的研究价值:第一,基于发展阶段转换的视角拓展了经济增长质量理论。现有文献集中于从经济数量增长视角研究低收入阶段发展中国家如何摆脱贫困、迈进中等收入阶段、实现经济起飞的问题。当前中国的现代化建设进入了新的历史起点,开启了向高收入跨越的新阶段。本书针对中国经济发展阶段的变化,重点研究要素收入分配结构变化影响经济增长质量的理论机理与实现路径,完善了现有的经济发展理论。第二,基于经济增长质量的标准深化了要素收入分配理论。现有文献倾向于在经济增长数量框架下评价要素收入分配结构变化的影响,随着我国经济由高速增长阶段转向高质量发展阶段,研究要素收入分配结构问题还需要涉及增长质量方面的内容。本书引入经济增长质量的标准,重点研究以经济增长质量提升为价值判断的要素收入分配结构调整的理论逻辑与实现机制,深化了现有的要素收入分配理论。第三,基于"条件—过程—结果"三维分析框架完善了经济增长质量理论。现有文献主要基于"过程—结果”二维框架来界定经济增长质量的理论内涵、测算经济增长质量的变动趋势、分析经济增长质量的影响因素问题。理解经济增长质量不仅需要关注经济增长的运行过程与最终结果,还需要考虑其初始条件。本书构建“条件—过程—结果”三维分析框架,研究要素收入分配结构对经济增长质量的影响,完善了现有的经济增长质量理论。

本书从“条件—过程—结果”三维分析框架构建我国要素收入分配结构的调整机制,在指导中国经济发展实践层面具有重要的应用价值:第一,本书基于发展阶段转换构建要素收入分配结构影响经济增长质量的理论分析框架,为深化收入分配制度改革、推动经济高质量发展提供明确的施政参考。现有研究并没有涉及经济步入高质量发展阶段后的分析,也没有考虑经济增长质量导向下各要素收入份额具体的量化调整空间。本书立足新阶段下发展理念、发展目标的变化,依据经济增长质量价值标准阐释我国要素收入分配结构调整的理论机理与实现机制,从而为政府深化收入分配制度改革、推动经济高质量发展的施政规划提供理论依据。第二,本书基于发展阶段转换建立中国经济增长质量的评价体系与分析体系,为准确把握当前经济发展的现实状态提供精确的数据依据。现有研究主要从过程和结果两个维度界定经济增长质量的内涵,而没有充分考虑经济增长运行的基础条件。本书从“条件—过程—结果”三维分析框架建立经济增长质量指数,对中国整体和地区的经济增长质量进行测度和评价,并采用核密度估计法对经济增长质量的空间分布状态与动态演进趋势进行精确描述,从而为分析我国经济增长质量的基本特征和发展状态提供可靠的分析依据。第三,本书基于发展阶段转换构建要素收入分配结构调整推动中国经济高质量增长的政策体系,为政府部门制定质量型经济发展政策提供具体的决策参考。现有研究对于中等收入阶段经济增长问题的讨论主要是在一般意义上研究经济增长速度减缓的原因和推动经济增长可能的影响因素,但是并没有充分考虑中国在新阶段经济发展的特殊性。本书充分关注中国经济迈入中等收入阶段后所产生出的一系列与以往阶段不同的典型事实与基本特征，探讨新阶段下要素收入分配结构调整推动中国经济实现高质量增长的政策机制和保障体系，从而为政府部门科学制定质量型经济发展政策提供具有针对性的决策参考。

要素收入分配结构是经济增长的结果，又是未来经济结构与经济增长的决定性因素，是经济结构演变规律在收入分配领域的内在反映。目前要素收入分配结构与经济增长质量均是新时代我国经济社会发展过程中被广泛关注的重要问题。调整要素分配结构是提高经济增长质量和推动高质量发展的核心内容，随着我国经济由高速增长阶段转向高质量发展阶段，劳动收入份额过低成为抑制经济增长质量提升的重要因素之一。维护劳动收入的主体地位、在劳动生产率提高的同时实现劳动报酬同步提高既是深化收入分配制度改革的迫切需要，亦是坚持推动我国经济实现高质量发展的迫切需要。

是为序。

任保平

2020 年 5 月于西北大学长安校区

目　录

导　论

作为一个发展中、转型中的大国，中国经历了三十多年 GDP 增长率平均 9.9%的高速增长，并于 2010 年顺利迈入中等收入发展阶段。大量理论研究与实证分析结果显示，中等收入国家的经济增长率往往会低于高收入国家和低收入国家，由中等收入国家向高收入国家迈进阶段，是各种经济社会矛盾集中爆发的时期。迄今为止，成功跨入高收入水平阶段的有日本、韩国、新加坡等资本主义国家，而对中国这样一个社会主义大国而言，这完全是一个前所未有的极具挑战性的崭新课题。进入中等收入阶段以后，中国经济面临着能否实现向高收入阶段跨越进而基本实现现代化，再到全面实现现代化的深刻挑战。在经济基本矛盾转换与经济发展阶段转变的条件下，迫切需要进行调整与完善原有经济发展理论体系、原有经济发展模式与机制，习近平新时代中国特色社会主义思想迫切需要经济发展理论的一系列重大创新。

当前是我国全面建成小康社会的决胜时期，完善要素分配体制机制、促进收入分配更加合理有序是贯彻新发展理念、建设现代化经济体系的迫切需要。随着我国经济由高速增长阶段转向高质量发展阶段，要素收入分配结构变化对经济增长质量究竟会产生怎样的影响，这成为事关深化收入分配制度改革方向的重大问题。本书以大国经济作为研究对象，以经济增长质量作为判断标准，对我国要素收入分配结构及其调整对策进行系统研究。区别于已有文献,本书在理论层面捕捉到发展中大国、中等收入阶段、结构异质性的我国经济本土化特征,总结提炼出要素收入分配结构影响经济增长质量的“条件—过程—结果”三维分析框架;在实证层面精确测算 1998—2015 年中国整体及各地区的要素收入分配结构与经济增长质量指数,并对要素收入分配结构影响经济增长质量的作用机制进行经验检验。作为理论和实证研究的落脚点,本书将进一步甄别出以要素收入分配结构优化推动中国经济转向高质量发展阶段的突破之点,在对策层面总结出我国要素收入分配结构的调整机制。

第一节 研究要素收入分配结构与经济增长质量的必要性

一、研究要素收入分配结构与经济增长质量的理论价值

经济学研究收入分配有两个角度:一是收入在生产要素之间的分配;二是收入在居民个人之间的分配。本书以大国经济作为研究对象,以经济增长质量作为价值判断,构建我国要素收入分配结构优化的理论分析框架,在理论上具有鲜明的研究价值和研究意义。

第一,在发展阶段转换的视角下拓展了经济增长质量理论。已有研究主要在经济数量增长框架下来讨论低收入阶段发展中国家如何摆脱贫困,迈进中等收入阶段,实现经济起飞的问题。当前中国的世界经济地位发生了重大变化,现代化建设也进入了新的历史起点,在此背景下中国的经济发展开启了向高收入跨越的新阶段。发展阶段改变后我国迫切需要发展理论的一系列创新来揭示由中等收入国家向高收入国家发展的基本规律,并且为迈进高收入新阶段提供理论指导。在低收入阶段,我国以经济数量增长为目标,经济高速增长持续了三十多年,但同时也出现了经济结构失衡、资源环境恶化、收入差距扩大等问题,当经济增长速度提高到一定程度、社会生产规模逼近生产可能

性边界时，经济增长质量会对我国经济的进一步发展产生明显的制约作用，向高收入国家发展更为重要的是质量问题和结构问题。因此，本书基于中国经济发展阶段转变的背景来完善现有的经济发展理论，重点研究要素收入分配结构变化对经济增长质量影响的理论机理与实现路径。

第二，在经济增长质量的标准下深化了要素收入分配理论。已有研究主要在数量框架下来讨论要素收入分配结构变化对经济增长的影响，由于劳动收入份额提升的重要性和紧迫性，现有研究尤其关注劳动收入份额过低通过投资消费需求机制和劳动生产率机制对经济数量增长的作用方向。现有要素收入分配结构是否合理、应该以什么样的目标作为其调整方向的理论依据？对于这些问题的回答，如果只是以单一的经济增长数量作为判断标准很难充分体现出复杂的发展目标。将要素收入分配结构问题单纯放在经济增长数量理论中来独立进行讨论，而不考虑国民收入在生产要素间分配的价值标准是不恰当的。我国经济已由高速增长阶段转向高质量发展阶段，研究要素收入分配结构问题不应只是单一关注数量扩张，它还需要涉及增长质量方面的内容，相应地，我国要素收入分配结构调整的导向将由单纯追求数量目标转向以经济增长质量为中心的多目标。因此，本书基于经济增长质量的价值标准去深化现有的要素收入分配理论，重点研究以经济增长质量提升为价值判断的要素收入分配结构调整的理论逻辑与实现机制。

第三，在“条件—过程—结果”三维分析框架下完善了经济增长质量理论。现有文献集中从过程和结果两个维度界定经济增长质量的理论内涵、测算经济增长质量的变动趋势，并以此二维框架从经济转型、政府支出、对外开放、金融发展等方面研究了经济增长质量的影响因素问题。中国经济发展进入新阶段后发生了一系列全局性、长期性的新现象、新变化，需要在对经济发展新阶段出现的新状态和新特征进行充分研究的基础上，构建以要素收入分配结构调整推动中国高质量增长的系统理论分析框架。经济增长数量理论与经济增长质量理论在判断标准、研究方法以及研究对象等方面都存在着巨大的差别。每一个经济体的经济发展都是一个格外复杂的系统过程,理解经济增长质量不仅需要关注经济增长的最终结果,同时也需要考察经济增长的初始条件与运行过程,应当从条件、过程、结果三个层面来进行系统界定。因此,本书构建了"条件—过程—结果"三维分析框架来完善现有的经济增长质量理论,分别从人力资本、消费需求、收入分配三个层次刻画了要素收入分配结构影响经济增长质量的作用机理。

二、研究要素收入分配结构与经济增长质量的实践价值

高质量的收入分配是推动经济实现高质量发展的基本内在要求。本书基于发展阶段转换的背景,以经济增长质量作为价值判断标准,从"条件—过程—结果"三维分析框架构建我国要素收入分配结构推动经济高质量增长的调整机制,在指导中国经济发展实践层面具有重要的应用意义。

第一,本书构建要素收入分配结构对经济增长质量影响的理论分析框架,为深化收入分配制度改革、推动经济高质量发展的施政参考提供理论依据。发展理念是发展行动的先导,它决定了发展目标、政策举措的根本方向。单纯追求高增长速度的发展方式是不可持续的,随着中国经济由高速增长阶段转向高质量发展的新阶段,实现"两个一百年"奋斗目标必须坚定不移贯彻创新、协调、绿色、开放、共享的新发展理念。现有研究主要是基于传统的发展理念与发展目标,在经济增长数量框架下讨论要素收入分配结构变动,尤其是劳动收入份额下降所带来的影响,但是却没有涉及经济步入高质量发展阶段后的分析,也没有考虑经济增长质量导向下各要素收入份额具体的量化调整空间。基于此,本书在充分考虑新阶段下发展理念、发展目标变化的基础上,充分阐释我国在经济增长质量导向下要素收入分配结构的逻辑机理与实现路径,从而为进一步深化收入分配制度改革、推动经济高质量发展的施政规划提供理论依据。

第二,本书建立中国经济增长质量的评价体系,为分析我国经济发展的动

态演进提供精确的数据依据。在传统发展理念与发展目标背景下,一般使用国民收入、国内生产总值或国民生产总值等指标来评价我国经济增长的数量与速度。随着中国告别低收入发展阶段进入中等收入发展阶段,在新发展理念思想指引下迫切需要确定经济增长质量的评价体系与分析体系。经济增长质量是一系列因素的综合反映,对其的度量必须借助由多方面、多指标所构成的综合评价指标体系来实现。现有研究主要从过程和结果两个维度界定经济增长质量的内涵,而没有充分考虑经济增长运行的基础条件。基于此,本书立足于新发展理念,在清晰界定经济增长质量内涵的基础上,以"条件—过程—结果"三维分析框架建立经济增长质量指数,对中国整体和地区的经济增长质量进行测度和评价,并采用核密度估计法对经济增长质量的空间分布状态与动态演进趋势进行精确描述。这不仅能够全面反映全国和地方经济增长质量的整体情况,还能够对经济增长质量的不同维度和指标进行连续观测,从而为分析我国经济增长质量的基本特征和发展状态提供可靠的分析依据。

第三,本书构建要素收入分配结构量化调整推动中国经济增长质量的政策体系,为政府部门制定经济高质量增长的政策提供施政参考。不同发展阶段下经济增长速度与经济增长质量将产生不同的表现状态。推动经济由高速增长转向高质量发展是适应我国经济发展新变化的必然要求,这一增长导向的转变意味着政策着眼点也需要从数量型增长的货币政策、财政政策扩展到质量型增长的技术创新政策、人力资本政策、收入分配政策等方面。现有研究没有充分关注中国经济发展新阶段的特殊性,只是在一般层面上研究经济增长速度减缓的原因和推动经济增长可能的影响因素。基于此,本书立足中国经济进入中等收入阶段后的典型事实与基本特征,在发展阶段转变的基础上探讨新时代下要素收入分配结构调整推动中国经济实现高质量增长的针对性政策,从而为政府部门科学制定经济高质量增长的相关政策提供施政参考。

第二节　理解要素收入分配结构与经济增长质量的研究框架和思路

一、要素收入分配结构与经济增长质量的研究内容

本书从要素收入分配视角出发,以经济增长质量作为价值判断,探寻我国要素收入分配结构优化的理论依据及其调整对策,主要内容包括以下五个部分。

第一,要素收入分配结构对经济增长质量影响的理论分析。分别以“条件—过程—结果”三维分析框架对要素收入分配结构影响经济增长质量的逻辑机理进行理论阐释,在此基础上,将异质性引入宇泽弘文(Uzawa,1965)和卢卡斯(Lucas,1988)两部门内生经济增长模型,建立要素收入分配结构对经济增长质量影响的数理模型。由此刻画国民收入在劳动要素与资本要素之间分配结构变化通过人力资本机制、消费需求机制以及收入分配机制三个层次对经济增长质量产生的影响,研究要素收入分配结构变化通过人力资本机制的总量效应与结构效应、消费需求机制的宏观效应与微观效应以及收入分配机制的单向效应与交互效应影响经济增长质量的理论机理,构建要素收入分配结构影响经济增长质量的理论分析框架。

第二,我国要素收入分配结构的测算与经济增长质量的综合评价。一是充分考虑我国要素收入份额核算口径的两次重大调整,以资金流量表和省际收入法的最新修订数据为基础,采用要素法分别从整体和地区两个层面对中国 1992—2015 年间的要素收入分配结构进行精确测算,并采用核密度估计法对要素收入分配结构的空间分布状态与动态演进趋势进行细致刻画。二是根据经济增长质量的理论内涵界定,在充分考虑数据可得性与可靠性的基础上,分别以经济增长的“条件—过程—结果”三维分析框架构建包含 21 个基础指

标的经济增长质量指数，采用主成分分析法对1998—2015年间我国整体和地区两个层面的经济增长质量进行综合评价，并采用核密度估计法对经济增长质量的空间分布状态与动态演进趋势进行详细描述。进一步，为确保经济增长质量测算结果的稳健性，重新构建包含3个维度、34个基础指标的经济增长质量指数对1998—2015年间我国的经济增长质量进行再测算。

第三，我国要素收入分配结构影响经济增长质量的实证分析。以1998—2015年中国30个省、自治区（西藏除外）、直辖市的面板数据为样本，对我国要素收入分配结构变化对经济增长质量的影响进行经验检验。首先，对基准模型进行不含空间效应的固定效应、随机效应、LSDV估计和系统GMM估计，检验要素收入分配结构变化对我国经济增长质量的作用效应。其次，选择空间计量SDM模型，分别采用地理距离矩阵、经济距离矩阵、经济地理空间矩阵，检验空间效应下我国要素收入分配结构变化对经济增长质量的影响方向。再次，采用Sobel中介因子法检验要素收入分配结构变化通过人力资本机制的总量效应与结构效应、消费需求机制的宏观效应与微观效应、收入分配机制的单向效应与交互效应影响经济增长质量的中介机制。最后，利用包含34个基础指标的经济增长质量再测算数据，基于基准模型、空间计量模型进行要素收入分配结构影响经济增长质量的稳健性分析。

第四，我国要素收入分配结构与经济增长质量的地区差异分析。在理论研究与实证分析的基础上，采用标准差和变异系数对我国要素收入分配结构与经济增长质量的地区差异进行精确测算，详细考察全国以及按自然区位划分的地区间要素收入分配结构与经济增长质量的绝对差距和相对差距，归纳总结我国要素收入分配结构与经济增长质量地区差异的典型事实与主要特征，细致梳理我国不同地区经济增长质量高低的差异与要素收入分配结构之间的联系。在此基础上，采用差分GMM和系统GMM方法经验检验要素收入分配结构变化对地区间经济增长质量增长率的影响，采用空间计量模型实证研究空间效应下我国要素收入分配结构变化对经济增长质量地区差异的影响,利用包含34个基础指标的经济增长质量再测算数据对要素收入分配结构与经济增长质量增长率的关系进行稳健性检验。

第五,我国要素收入分配结构的调整对策研究。课题分别从人力资本机制、消费需求机制以及收入分配机制三个层面对要素收入分配结构影响经济增长质量的作用机理进行理论阐释,并基于1998—2015年中国30个省、自治区(西藏除外)、直辖市的面板数据对我国要素收入分配结构影响经济增长质量的具体作用机制进行经验检验。研究结果表明,当国民收入分配中资本要素收入份额偏高而劳动要素收入份额过低时,不仅会通过人力资本投资渠道制约经济增长基础条件的改善,通过消费需求机制影响经济增长的过程,而且也会通过居民收入分配差距机制对经济增长的结果产生影响。我国要素收入分配结构变化通过人力资本机制的总量效应、消费需求机制的宏观效应、收入分配机制的单向效应与交互效应对经济增长质量产生了显著影响,而人力资本机制的结构效应、消费需求机制的微观效应在样本期内尚未得到明显体现。基于理论逻辑与实现机制的研究,着重从优化产业结构、改善人力资本结构、推动城市化建设、提高对外开放度、深化国企改革、推进制度改革等方面来构建我国要素收入分配结构调整的政策支撑体系,论证如何优化要素收入分配结构,实现我国经济增长质量的提高。

二、要素收入分配结构与经济增长质量的研究思路

本书沿着"理论研究—实践研究—政策研究"的研究思路展开。

首先,对经济发展阶段转变的典型事实与基本规律进行归纳总结,将经济发展阶段理论、经济增长质量理论与收入分配理论相结合,立足发展阶段转换的背景、基于"条件—过程—结果"三维分析框架探究要素收入分配结构与经济增长质量之间的逻辑关系,在新发展理念背景下完善现有经济增长质量理论。明确新阶段下高质量经济增长的理论内涵与具体要求,分别从人力资本机制、消费需求机制以及收入分配机制三个层次阐释要素收入分配结构影响

经济增长质量的理论机理，构建优化要素收入分配结构，实现我国经济高质量增长的理论分析框架。

其次，基于新阶段下从速度追赶向质量提升转变的目标变化，依据新发展理念下高质量经济增长的内在要求，对我国要素收入分配结构进行精确测算，对我国经济增长质量进行综合评价，并采用核密度估计法对要素收入分配结构和经济增长质量的空间分布状态与动态演进趋势进行细致刻画。在此基础上，以 1998—2015 年中国 30 个省、自治区（西藏除外）、直辖市的面板数据为样本，实证研究我国要素收入分配结构变化对经济增长质量的影响，经验检验人力资本机制的总量效应与结构效应、消费需求机制的宏观效应与微观效应、收入分配机制的单向效应与交互效应，并对我国要素收入分配结构与经济增长质量的地区差异进行实证分析。

最后，充分考虑中国经济发展阶段转变的基本特征和发展理念的变化，依据要素收入分配结构推动中国经济高质量增长的理论机理与实现机制，研究要素收入分配结构对我国经济高质量增长的约束因素，从优化产业结构、改善人力资本结构、推动城市化建设、提高对外开放度、深化国企改革、推进制度改革等方面构建优化我国要素收入分配结构的政策支撑体系，从而实现政策导向的转变和具体政策措施的调整。

三、要素收入分配结构与经济增长质量的研究方法

第一，归纳推理法。采用归纳推理法阐明要素收入分配结构影响经济增长质量的逻辑机理。基于经济发展阶段理论，总结我国经济发展阶段转变的典型事实与基本规律，立足经济增长的“条件—过程—结果”三维分析框架界定经济增长质量的理论内涵，梳理要素收入分配结构影响经济增长质量的逻辑机理，归纳要素收入分配结构影响经济增长质量的“人力资本—消费需求—收入分配”三位一体的作用机制。

第二，演绎推理法。采用演绎推理法刻画要素收入分配结构影响经济增

长质量的作用机理。借鉴宇泽弘文(Uzawa,1965)和卢卡斯(Lucas,1988)两部门内生经济增长模型,引入异质性,基于“条件—过程—结果”三维分析框架进行消费部门分析、生产部门分析以及均衡分析,建立要素收入分配结构对经济增长质量影响的数理模型,提出国民收入分配中资本要素份额与劳动要素份额变化对经济增长质量影响的基本命题,刻画要素收入分配结构影响经济增长质量的人力资本机制、消费需求机制以及收入分配机制。

第三,统计分析法。采用统计分析法测算我国的要素收入分配结构与经济增长质量。依据资金流量表和省际收入法的最新修订资料,采用要素法对中国1992—2015年间整体和地区两个层面的要素收入分配结构进行精确测算;以“条件—过程—结果”三维分析框架建立经济增长质量指数,运用主成分分析法对中国1998—2015年间整体和地区的经济增长质量进行综合评价;根据要素收入分配结构与经济增长质量的测算结果,使用核密度估计法对要素收入分配结构与经济增长质量的空间分布状态与动态演进趋势进行精确描述,寻找中国各地区要素收入分配结构与经济增长质量变化的主要特征。

第四,计量经济法。采用计量经济法实证研究我国要素收入分配结构变化对经济增长质量的影响,进一步经验分析要素收入分配结构变化对经济增长质量地区差异的影响。基于1998—2015年中国30个省、自治区(西藏除外)、直辖市的面板数据,使用差分GMM估计、系统GMM估计、空间计量分析、中介因子检验等方法对我国要素收入分配结构变化对经济增长质量的影响进行实证研究;进一步,以1998—2015年间中国30个省、自治区(西藏除外)、直辖市的面板数据为样本,使用差分GMM估计、系统GMM估计、空间计量模型等方法对要素收入分配结构变化对地区经济增长质量增长率的影响进行经验检验。

第五,比较分析法。采用比较分析法研究我国要素收入分配结构与经济增长质量的地区差异。采用标准差和变异系数对我国1998—2015年间各地区要素收入分配结构与经济增长质量的绝对差距和相对差距进行精确测算,根据测度结果，按照自然区位划分，比较分析东部、中部、西部、东北地区要素收入分配结构变动的主要特点，相应地对比东部、中部、西部、东北地区经济增长质量地区差异的基本特征，深入研究我国经济增长质量地区差异与要素收入分配结构之间的内在关系。在此基础上，设定空间收敛回归模型对我国要素收入分配结构影响经济增长质量地区差异的机制进行实证研究。

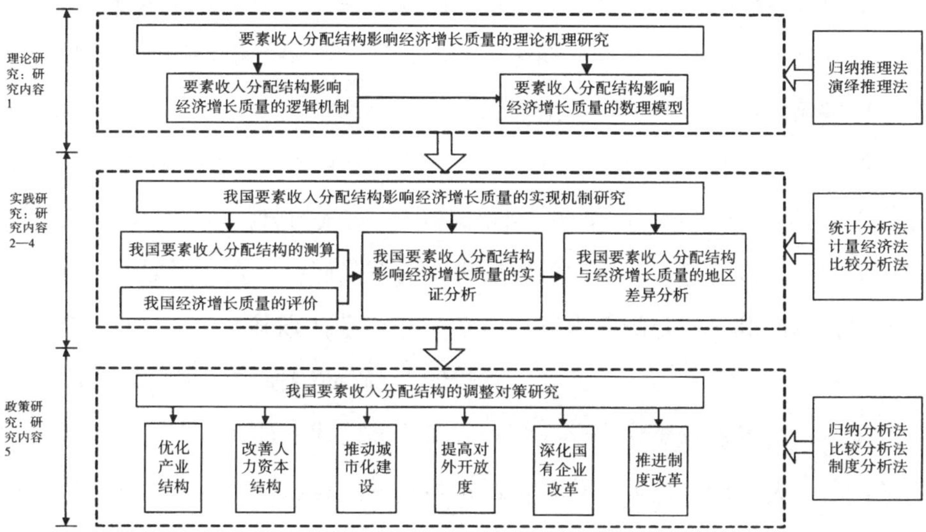

图0—1　研究框架图

第三节　研究要素收入分配结构与经济增长质量的突破点

第一，在问题选择方面，立足中等收入阶段下发展理念的变化，从经济增长质量视角研究如何调整中国要素收入分配结构的问题。已有文献往往立足于数量视角来研究劳动要素收入份额下降的原因及其对经济增长的影响，而未讨论劳动收入份额具体的量化调整空间究竟有多大，要回答我国国民收入如何在生产要素间进行分配才是最合理的问题，需要结合我国经济发展的具体要求,引入最优要素收入分配结构的价值判断标准。并且现有文献主要研究低收入阶段发展中国家如何实现经济高速增长的问题,依据的是传统增长数量导向的发展理念,并没有完全考虑中国经济迈进中高收入阶段后经济基本矛盾的转换对于发展理念要求的新变化,没有充分考虑完整的经济增长内容既包括经济增长数量也涵盖经济增长质量。因此,本书立足于中等收入阶段,依据经济增长质量价值标准,分析新阶段背景下我国发展目标与经济增长路径的变化,以“条件—过程—结果”三维分析框架系统构建中国要素收入分配结构影响经济增长质量的理论框架与实现机制。

第二,在研究框架方面,运用“条件—过程—结果”三维分析框架的系统性思维,构建要素收入分配结构影响经济增长质量的分析框架。现有文献主要以低收入阶段传统数量导向的发展理念为背景研究旧常态下如何实现经济高速增长的问题。但是随着中国经济迈进中等收入阶段后,发生了一系列不同于“旧常态”的新现象、新变化,经济基本矛盾的转换与经济发展阶段的转变要求以新的发展理念作为研究背景来讨论新时代下如何实现高质量经济增长的问题。并且现有研究往往仅从经济增长的过程和结果两个维度对经济增长质量的理论内涵进行界定,没有充分考虑到经济增长运行的基础条件维度。系统研究经济增长质量问题不仅需要从增长过程与最终结果两个层面考察,还需要充分重视经济增长的初始条件,高质量经济增长是经济增长的条件、过程、结果同时得以改善的产物,需要分别从条件、过程、结果三个维度来定义和测度经济增长质量。因此,本书以新发展理念为基础,运用“条件—过程—结果”三维分析框架的系统性思维,分别从条件、过程、结果三个层面构建要素收入分配结构影响经济增长质量的系统性分析框架,阐明“人力资本—消费需求—收入分配”三位一体的作用机制。

第三,在学术观点方面,阐明阶段转变与增长质量之间的逻辑关系,提出中国要素收入分配结构影响经济增长质量的理论逻辑与调整机制。现有文献集中于研究低收入阶段发展中国家以经济数量增长为核心的经济增长机制,在经济增长数量框架下讨论推动经济增长的影响因素,但是随着我国经济迈入中等收入阶段,需要新的发展目标与新的发展机制与之相适应。党的十九大报告明确指出我国经济已由高速增长阶段转向高质量发展阶段,追求质量和效益成为新阶段下经济发展的关键问题,相应地中高收入阶段下经济发展机制也需要由经济数量扩张转向发展质量提升,我国经济发展进入新阶段后需要更加注重提高经济增长的质量问题。因此,本书引入新发展理念视角,将中国经济发展由单纯追求数量目标转向以经济增长质量为中心的多目标,归纳从速度追赶向质量提升转变过程中经济发展阶段转变的基本规律,阐明经济发展阶段转变与经济增长质量之间的内在逻辑关系,梳理要素收入分配结构影响经济增长质量的理论逻辑,提出以经济增长质量作为判断标准的要素收入分配结构调整机制。

第四,在研究手段方面,采用前沿数据分析方法与工具,为中国调整要素收入分配结构、推动经济高质量增长提供更为科学的现实依据。现有文献主要是以数量和速度为核心,重点对劳动收入份额对经济增长数量的作用方向进行经验检验,而较少涉及以质量和效益为标准,对要素收入分配结构影响经济增长质量的作用机制进行实证分析。对中国要素收入分配结构的精确测算与经济增长质量的综合评价是经验研究的基础,从我国要素收入分配结构的测算来看,现有研究主要关注国民收入在资本与劳动要素之间的分配,既没有充分考虑政府部门对最终分配结果的影响,也没有充分考虑核算口径发生过的两次重大调整;从我国经济增长质量的评价来看,现有文献主要基于增长过程和增长结果两个维度来对经济增长质量进行理论界定与综合评价,而没有充分考虑经济增长运行的基础条件。因此,本书采用前沿数据分析方法与工具,运用现代数据挖掘和深度学习的分析技术,在对要素收入分配结构影响经济增长质量的逻辑机理进行理论研究的基础上,分别从总体、区域两个层次对1998—2015年间我国要素收入分配结构与经济增长质量进行量化考察,采用核密度估计法对我国要素收入分配结构与经济增长质量的空间分布状态与动态演进趋势进行精确刻画，使用差分 GMM 估计、系统 GMM 估计、空间计量分析、中介因子检验等方法对我国要素收入分配结构影响经济增长质量的作用机制进行经验检验。

第一章　现有要素收入分配结构与经济增长质量的理论基础

改革开放以来，中国走上了一条经济市场化和对外开放兼容的强国富民之路，经济发展从工业化初期整体步入工业化后期，从低收入阶段顺利跨入中等收入阶段，创造了前所未有的“中国奇迹”。但与此同时，中国收入分配失衡状况也在不断加剧，在宏观国民收入分配层面，劳动者报酬比重不断下降；在微观居民收入分配层面，城乡之间、个体之间的收入差距呈现出不断扩大的态势。随着我国经济由高速增长阶段转向高质量发展阶段，要素收入分配和居民收入分配都会对经济增长产生根本性约束。在高质量发展过程中，我国收入分配究竟会对整体的经济增长产生怎样的影响，这成为事关深化收入分配制度改革方向的重大问题。

收入分配包括两个层面：一是收入在生产要素之间的分配；二是收入在居民个人之间的分配。目前，对于我国居民收入分配与经济增长数量问题的研究已积累了大量的经验与证据，而对要素收入分配和经济增长质量方面的考察却较少涉及。经济增长是数量与质量的统一，深化收入分配制度改革暗含着现有收入分配结构是否合理、应该以何作为调整依据等带有价值判断的命题，仅仅选择增长数量作为判断标准显然不能概括复杂的增长目标，质量视角为准确评价要素收入分配结构调整的作用提供了新的思路。本书旨在从要素收入分配视角出发，以经济增长质量作为价值判断，探寻我国要素收入分配结构优化的理论依据及其调整对策。对这一问题的深入研究不仅可以为已有成果提供来自中国这样的典型大国经济的直接经验证据，而且能够为优化要素收入分配结构和深化收入分配制度改革提供重要的政策参考。现对相关研究文献述评如下。

第一节　要素收入分配结构的变化趋势与影响因素

近年来，很多国内外学者针对不同区域范围采用不同统计口径对要素收入分配结构进行了详细测算，绝大多数都拒绝了各生产要素所得在国民收入中份额保持不变的传统卡多尔典型事实，认为要素收入分配结构在长期内发生了波动（Harrison，2002；Blanchard，1997；李稻葵等，2009；白重恩、钱震杰，2009；龚刚、杨光，2010；吕冰洋、郭庆旺，2012；范从来、张中锦，2012）。国内学者在对国内要素收入分配结构进行测算的基础上，发现我国要素收入分配结构呈现出向资本侧的倾斜，并且劳动要素收入份额的下降速度不断加快，进一步分析了这种波动产生的原因，大致划分为以下六类：产业结构变迁（李稻葵等，2009；白重恩、钱震杰，2009；范从来、张中锦，2012；石涛、张磊，2012）、技术的资本偏向性（黄先海、徐圣，2009；陈宇峰等，2013；赵俊康，2006；张莉、李捷瑜、徐现祥，2012）、外商投资（Decreuse 和 Maarek，2008；罗长远、张军，2009；邵敏、黄玖立，2010）、贸易开放度（Guscina，2010；张杰、陈志远、周晓艳，2012；肖文、周明海，2010）、融资约束（Neumeyer 和 Perri，2005；罗长远、陈琳，2012；汪伟、郭新强、艾春荣，2013）、税收制度（郭庆旺、吕冰洋，2011）。

一、要素收入分配结构的变化趋势研究

（一）跨国要素收入分配结构的变化趋势研究

现有研究表明，大多数国家的要素分配结构在长期范围内都不符合卡多

尔典型事实。具体而言:对比发达国家与欠发达国家的测算结果,发现劳动要素收入份额在富国呈现上升态势而在穷国呈现下降的特征(Harrison,2002);对比 OECD 成员得出:大部分 OECD 成员的测算结果表明:劳动收入份额呈现了一种先上升后下降的趋势(Bentolila 和 Saint-Paul,1999;Guscina,2010)。

哈里森(Harrison,2005)①收集了 1960—1997 年间 100 多个国家的劳动收入份额,通过整理发现,劳动要素的收入份额在 20 世纪 60 年代到 90 年代并不是一直处于稳定状态,具体而言:在这一段历史时期内,资本和劳动收入份额在美国长期处于稳定状态,而一些欧洲国家的劳动要素收入份额表现出持续下降的趋势,值得注意的是,日本的劳动收入份额则出现了大幅度的上升。总体来说:劳动要素收入份额在处于赶超阶段的欠发达国家一般呈现下降趋势,而在发达国家逐渐上升。在富国,股本与劳动力密切联系以及政府支出在 GDP 中占比的提高是劳动要素收入份额上升的原因;而在穷国,贸易份额的大幅提升和政府支出的减少导致了劳动收入份额的下降。

邦托利拉和圣保罗(Bentolila 和 Saint-Paul,1999)收集了 14 个 OECD 成员 14 个行业在 1973—1993 年的面板数据,分别计算了劳动要素收入在不同国家的占比,发现英国的劳动收入份额在测算期内围绕一个固定值进行小范围的短期波动,而美国的劳动收入份额则以一种温和平稳的态势逐渐下降,这一趋势一直持续到 1980 年,日本的劳动收入份额在经历了快速上升后在 1975 年开始缓慢下来,劳动要素收入份额在其他欧洲国家大都呈现出先上升后下降的趋势,德国、法国在 1980 年左右达到峰值,意大利、西班牙和荷兰等国家则在 20 世纪 70 年代中期达到峰值。从跨国视角进行对比发现:在 1990 年,劳动要素收入份额在法国、德国和意大利稳定在 62%,在瑞典、芬兰和英国等国家稳定在 72%左右。

布兰卡德(Blanchard,1997)收集了美国、加拿大和欧洲国家 1970—1995

① Harrison,A.E.,"Has Globalization Eroded Labors Share? Some Cross-Country Evidence", *UC Berkeley and NBER*,2005,pp.1-49.

年的资本要素分配份额,通过对比得出:德国、法国、意大利和西班牙等国家资本要素收入份额的波动趋势相仿,最低值出现在 1975—1980 年之间,而后呈现稳步上升的态势,截至 1995 年,四国资本收入份额均值稳定在 41%,远高于 1970 年 34%的初始均值。与这些国家不同,美国、英国和加拿大在 1970—1995 年间资本要素收入份额表现为围绕一稳定值进行短期波动。

古斯希纳(Guscina,2010)在分析对比了 18 个 OECD 成员 1960—2000 年的劳动收入占国民收入比重后得出:生产率的上升在 20 世纪 80 年代中期以前促进了劳动收入份额的上升,而在 80 年代中期以后,要素收入分配结构由于资本节约型技术的发展出现了向资本的倾斜。

克鲁格(Krueger,1999)运用 1948—1998 年美国经济研究局公布的 NIPA 数据,根据不同口径对美国劳动收入份额进行了度量,分别表示为劳动收入占国内收入的比重、劳动收入占国民收入的比重以及工薪占国民收入的比重,结果显示:劳动收入占国民收入的比重在从第二次世界大战结束到 20 世纪 70 年代间是不断上升的;而 70 年代之后,呈现出了缓慢下降的趋势。

李稻葵等(2009)收集分析了联合国统计数据中在 1960—2005 年间 122 个国家的国民收入初次分配情况,结合各国的经济发展水平进行了对比分析得出:劳动收入份额在经济发展水平较高和较低的国家较高,在经济发展处于中间水平的国家份额则较低,即:经济发展水平与劳动收入份额之间表现为一种“正 U 型”的关系。为了使中国数据和世界数据具有可比性,在采用省际数据加总表示我国总体劳动收入比重发展趋势的前提下,将 122 个国家的农业雇佣收入纳入劳动份额,使得联合国数据的统计口径与我国统计口径相同,比较研究得出,我国的劳动收入份额与国际趋势是高度吻合的,目前我国正处于劳动收入份额随经济发展水平的提升逐渐下降的部分。对于劳动收入份额在国民收入初次分配中出现“U 型”规律的原因,他们从劳动力在不同部门间转移存在阻力这一角度进行了说明,即:在现实经济中,劳动力在不同部门间的转移是存在摩擦的,这就使得劳动力的转移速度低于资本的转移速度,进而导致资本要素的边际报酬高于其边际产出，而劳动要素的边际报酬低于其边际产出。所以，劳动收入份额在经济发展初期表现为逐渐下降的趋势，直到劳动力转移逐步完成，才会出现上升趋势。

（二）中国要素收入分配结构的变化趋势研究

在我国国内，一些学者通过对我国全国范围的要素收入分配结构测算一致认为，自 20 世纪 90 年代以来，我国要素收入分配结构发生了较为显著的变化，劳动要素分配份额迅速下滑，而资本要素分配份额逐渐上升（龚刚、杨光，2008；范从来、张中锦，2012；白重恩、钱震杰，2009；吕冰洋、郭庆旺，2012；吕光明、李莹，2015）。

龚刚、杨光（2008）运用了龚刚、林毅夫所构建的具有凯恩斯主义特征的非均衡宏观动态模型，在价格、工资变动具有黏性的假设条件下，分析了劳动要素收入份额的变化路径，通过将模拟数据与 1979—2006 年的实际数据相比较，再次证实了工资性收入占国民收入份额不断下降的事实，并且发现在 1988 年以前，这一份额的下降是比较平缓的，但在 20 世纪 90 年代以后，下降速度明显加快。其从工资黏性的角度作出了解释，当劳动生产率提高时，由于工资黏性的存在，工资的提升不够明显，这就意味着大部分的利益没能转化为工资，而是形成了利润，从而导致劳动要素收入份额不断下降。

范从来、张中锦（2012）以各行业增加值在整个国民经济中所占比重为权重，以各个行业劳动要素收入份额的加权平均表示全国总体劳动要素收入份额，在核算总体劳动要素收入份额时，分别运用了收入法 GDP 和资金流量表两种数据，发现用这两种数据核算的劳动要素收入份额变动趋势是一致的，在 1992—2008 年间都呈现出下降趋势，但就数值而言，运用资金流量表核算的结果明显高于收入法 GDP 核算的结果。李琦（2012）在重新界定劳动报酬、提升数据质量的基础上，又对混合收入进行估计和分劈，分别估算了农户混合收入、个体业主混合收入，最后给出了对劳动要素收入份额的估计，发现在

1995 年后,劳动要素收入份额呈现出下降趋势,并且这一趋势在 2002 年后逐渐加强,下降幅度明显增大。

白重恩、钱震杰(2009)采用了 1978—2006 年间省际收入法 GDP 数据,分别计算出每年劳动者报酬、资本收入、生产税净额的相对比重,观察得出:在 1978—1995 年间,劳动收入份额变动幅度不大,在 1995 年后,劳动收入占比出现逐年下降的趋势,在 1995—2004 年间,劳动收入份额持续走低,降低了 10.73%,其中一个重要影响因素是 2003—2004 年间统计方法的调整,这一改变使得该份额被低估了 6.29%,剔除统计核算方法调整的影响后,1995—2003 年,这一份额实际降低 5.48%;同时在 1995 年之后,资本收入份额逐步上升,最显著的时间段是在 2003—2004 年间,陡升 5.24 个百分点。白重恩在文章中对这一变动进行了分析,证明劳动要素收入份额的不断下降已成为一个被广泛接受的事实,但 2003—2004 年统计核算方法的调整变动(具体包括个体经济业主收入从劳动收入变为营业盈余以及对农业不再计营业盈余)使得劳动收入份额的下降和资本收入份额的上升被直接夸大了。他进一步分析了结构转型与各产业部门对全国要素收入分配结构产生影响的后果,通过分别测算农业、工业、制造业和第三产业劳动收入份额以及各行业增加值占 GDP 份额,发现劳动收入份额在工业部门最低,在农业部门明显高于其他行业,而在计算增加值占 GDP 份额中,则是工业行业占比较高,农业行业占比逐年降低,所以,当产业结构由农业向非农业部门转型时会对总体劳动收入份额下降产生负的结构影响,造成总体劳动收入占比下降。

吕冰洋、郭庆旺(2012)从国民收入初次分配格局出发,在资本、劳动两种生产要素之外,加入了对政府部门在国民收入中所占份额的考虑,并进一步区分了三部门在国民收入初次分配环节和再分配环节两个环节的分配份额,在综合考虑财政因素、政府部门分配份额等影响因素的前提下,采用 1978—2008 年间的资金流量表数据,分别测算了税前及税后要素分配份额,对比得出以下结论:税前及税后要素收入分配格局呈现出基本相同的走势,即:政府部门分配份额变化以 1994 年为分界线，在 1986—1994 年不断下滑，在 1994 年实行分税制改革以后，政府部门分配份额稳步上升；劳动要素分配份额在 1978—1983 年“包产到户”“减税让利”等背景下稳步上升，在 1983 年达到峰值，而后逐步下降；资本要素分配份额在 1978—1983 年逐渐下降，在 1983 年达到最小值，而后在人口红利、经济结构、间接税等因素的共同作用下逐渐上升，并且，两种要素的税前分配份额明显高于税后分配份额。同时，作者还分析了政府运用国民收入再分配对要素收入分配的调节力度：就资本要素而言，1978—1994 年间，税前资本分配份额与税后资本分配份额的差值逐年缩小，但在 1994 年分税制改革之后，这一差值逐渐扩大，说明政府在分税制改革以后对资本要素分配份额的调节力度逐渐扩大。

吕光明、李莹（2015）针对 2004 年及 2008 年国内两次核算口径的调整，分别给出了 2004 年前、2004—2008 年、2008 年后的核算口径，而后整理得出了完整意义上的劳动报酬核算口径和国际标准核算口径，并对比了我国劳动收入份额与其他国家的份额：基于国际标准核算口径，中国劳动要素收入份额大概为 38.01%，低于发达国家 12 个百分点，略高于发展中国家；基于完整意义的核算口径，中国现阶段劳动要素收入份额大约为 49.20%，比发达国家低了 8 个百分点，略低于发展中国家 52.28%的平均水平。

在地区层面，由于我国内部各地区经济发展水平不均衡，使得要素收入分配份额在各地区、各省份呈现出不同的特征：劳动要素收入份额从低到高依次为东部地区、中部地区和西部地区（徐蔼婷，2014）；在省份层面上，劳动要素、资本要素和政府要素分配份额在不同省份间存在差异（谭晓鹏、钞小静，2016），但就全国而言，调整口径后的劳动要素收入份额与其他发展中国家基本持平（徐蔼婷，2014；谭晓鹏、钞小静，2016）。

徐蔼婷（2014）认为，虽然劳动再分配收入份额基本测算公式是简单的劳动者报酬与 GDP 之比，涉及核算口径、GDP 指标形式等多个细节问题。以往的测算都建立在“GDP 指标的全面性”前提下，即：生产要素产生的经济成果都完全体现在 GDP 中。但现实并非如此，通过测算，她认为我国存在着接近 GDP 总额 20%的未被观测经济（NOE），在此基础上，该作者提出“两系统平行测算法”，即采用加权平均的方法将 GDP 生产系统劳动收入份额与 NOE 生产系统劳动收入份额综合得到整个生产系统真实的劳动收入份额，在全国和区域两个维度上，采用 1995—2007 年间的数据分别测算了劳动收入份额，结果表明：无论是在全国还是地区层面上，我国劳动收入份额都基本稳定在 50%以上，与广大发展中国家份额相差不大，并且，劳动收入份额的变动并不是单调下降的趋势，而是典型的“倒 U 型”，在全国层面上以 1999 年为分界点，在地区层面上，东部、中部、西部地区分别以 2002 年、1997 年、1999 年为分界点，这一特点在全国与地区两层面上都得到了体现。

谭晓鹏、钞小静（2016）在重新规定核算口径的基础上，分别测算了调整前和调整后的全国整体要素收入分配结构，在收集 1992—2014 年的省际收入法 GDP 数据的基础上，重新测算了中国各地区的要素收入分配结构，发现各地区之间存在较大差异，表现在要素收入份额的大小、趋势值及波动幅度等方面。以劳动要素收入份额为例，这一份额的最大值为 84%，出现在西藏，最小值为 32%，出现在天津，均值为 48%，就波动情况而言，波动幅度不足 10%的地区有辽宁、上海、江苏等地区，而在内蒙古、吉林、江西等地区波动幅度则超过了 20%。在整体要素收入分配结构层面上，劳动要素收入份额长期保持在 50%左右，与大多数发展中国家持平，资本要素收入份额缓慢上升，政府收入份额在 14.5%—16.2%间浮动。

二、要素收入分配结构的影响因素研究

（一）产业结构变迁

近年来，中国经济在经历了长达三十余年的高速增长之后进入了新时期，供给侧结构性改革深入推进，经济结构不断优化，一系列的经济发展，尤其是

产业结构的优化转型,对我国的国民收入要素分配产生了重大影响,白重恩、李稻葵等学者对此进行了深入研究。李稻葵等(2009)认为:经济发展伴随着劳动力、资本等生产要素在不同部门之间的转移,而相较于资本,劳动要素转移速度慢,面临着较大的阻力。这种特性导致劳动要素在经济发展过程获得的回报低于其边际产出,进一步表现为劳动要素收入份额不断下降和资本要素收入份额不断上升。白重恩、钱震杰(2009)等学者对此提出了不同的解释,考虑到总体要素分配份额是由部门要素分配份额按经济中各部门比重加权平均得到的,他们在考虑全国总体劳动收入份额的变化时,将其分解为部门要素分配份额的变化和产业结构的变化这两方面,研究得出:导致我国国民收入要素分配数额发生改变的原因是产业结构的变迁,而不是资本对劳动的侵占。具体表述为:农业部门向非农业部门的转型升级以及工业部门劳动收入份额的变化是导致我国总体劳动要素收入份额下降的主要决定因素,在1995—2003 年间,劳动要素收入份额在农业部门的转型升级的作用下减少了3.36 个百分点,全国总体劳动收入份额在工业部门劳动收入份额变化的作用下下降了 1.7 个百分点。范从来、张中锦(2012)从产业部门内部效应、产业部门结构效应以及协方差效应等三个方面分解了劳动要素收入份额的变动,分别反映了产业结构不变时产业自身劳动要素收入份额的变动以及产业内部劳动要素收入份额不变时,产业结构变动、产业内部效应和结构效应的一致性对总体劳动要素收入份额的影响,分析得到:总体劳动要素收入份额的变化趋势是由产业内部效应和结构效应的不同组合共同决定的。石涛、张磊(2012)从中国二元经济结构这一现实出发,分析三大产业部门劳动力占比和变动趋势,研究发现第二、第三产业部门劳动报酬占第二、第三产业部门 GDP 的比重明显低于第一产业部门,又由于在发展过程中,农业部门不断向工业、服务业转型升级、第一产业剩余劳动力逐渐向第二、第三产业转移,整体劳动要素收入份额必定受到这一趋势影响,呈现不断下降的趋势,当无弹性的劳动力供给逐渐转变为正弹性的劳动供给,劳动要素收入份额就呈现出上升趋势,而不再是下降态势。综上所述，现有研究一致认为，产业结构变迁转型是导致我国劳动收入份额不断下降、低于发达国家的一个重要原因，党的十九大报告指出：我国经济正处在转变发展方式、优化经济结构、转换增长动力的攻关期，由此带来的要素分配份额的变动将会如何影响我国的经济发展以及经济增长质量，我们将对此展开研究探索，并在之后章节进行详细论述。

（二）技术的资本偏向性

自改革开放以来，我国生产力得到大幅度解放，新兴产业蓬勃发展，技术进步日新月异，经济发展和效益不断提升，取得了举世瞩目的“中国奇迹”，与此同时，技术的大力发展也对我国要素分配份额的变动产生了重大影响。赫南多（Henando，2008）在假定要素价格是由其边际生产力决定的前提下，建立了一个包含要素节约型技术进步的内生增长模型，分析发现：资本密集型的技术在资本密集型的国家会得到更多使用，从而资本要素的边际产出得到提高，而要素价格是由其边际产出决定的，所以出现了密集型要素的分配份额不断上升的结果。黄先海、徐圣（2009）通过研究对比劳动密集型部门和资本密集型部门的劳动收入份额发现：中国作为劳动力资源相对丰富的国家，但在长期内集中选择发展资本偏向型技术进步，不符合中国劳动力充裕及二元经济的基本国情。在二元经济背景下发展工业化，必然使得城市工业部门吸引大量农业部门的剩余劳动力，这就意味着城市工业部门的劳动增长率必须大于全国劳动增长率，与此相对应，就要求我们在鼓励整体技术进步的同时，重点发展劳动密集型技术进步，但是在实际发展过程中，我们在赶超战略的影响下，大量引进研发劳动节约型技术进步，这种违背中国实际国情的行为，必然导致资本要素分配份额不断上升、劳动要素分配份额不断下降。陈宇峰等（2013）考虑到工业部门在中国产业结构中的主导地位，选用 1999—2008 年间我国工业部门的数据证明：在短期内，劳动收入份额的下降是由于单个行业垄断利润的变动；但在长期内，技术的资本偏向性确实是造成制造业部门劳动要素收入份额不断下降的主要原因。我国工业部门的资本偏向系数稳定在 0.6 左右，远高于西方国家的 0.3，对于劳动力资源相对过剩、资本相对稀缺的发展中国家，技术变迁应当选择能够有效利用劳动资源的生产技术，但是，国有企业却偏好选择劳动节约型技术，直接导致了我国要素分配份额的变动，对农村剩余劳动力的有效转移以及国内就业机会的增加产生了不利影响。赵俊康(2006)认为，无论是政府还是企业，都在 1996 年后开始关注节约劳动的技术开发与应用，企业在此过程中不断增加资本投资，用资本代替劳动力，生产过程中劳动配置的技术装备不断上升，加速了劳动要素边际产出的下降，导致劳动要素收入份额的持续走低。张莉、李捷瑜、徐现祥(2012)运用 1980—2007 年间 49 个发展中国家的数据分析表明：国际贸易在 GDP 中占比的增加会对资本偏向型的技术进步起到促进作用，进一步促使资本要素的边际产出不断提高，导致整体要素收入分配结构向资本侧倾斜，即资本要素收入份额上升。所以，我国在坚定不移贯彻新发展理念、端正发展观念、转变发展方式的过程中，必须结合我国具体实际，选择适合劳动资源相对过剩的技术进步，不断增强我国经济创新力和竞争力。

(三)外商直接投资

从 1978 年至今，我国对外开放力度不断增强，市场化程度不断深入，外商直接投资规模日益庞大，截至 2016 年 9 月，中国直接投资负债净头寸已达到 29610 亿美元，跻身全球最大外商直接投资流入国。如此大规模外商直接投资的流入，不仅促进了技术进步、增加了就业与资本存量，也以极大的影响力作用于我国要素收入份额。罗长远、张军(2009)收集运用了 1987—2004 年间的省级面板数据，探索研究了外商直接投资与劳动收入份额之间的相关关系，研究发现：外商直接投资对劳动收入占比产生的作用是负向的，产生这一结果的原因是：第一，在中国的外商直接投资总额中，有近四成为“回流型”资金，这些资金的流入动机大都为中国廉价的劳动力和优惠政策，而不是开拓中国市场,这就从根本上导致这一部分资金的流入并不会改善中国劳动者收入情况,而是选择剥削压榨劳动力,使得劳动要素分配份额下降。第二,国内地方政府间的恶性竞争,面对外商“用脚投票”的行为,地方政府竞相开出优惠政策招商引资,劳动者的竞价能力在这些政策的作用下无疑会被降低,侵害到劳动者的利益,资本的议价能力相应地上升,直接导致资本收入份额上升,劳动力收入份额下降。邵敏、黄玖立(2010)选用工业劳动者的收入在1998—2003年间的数据,在解释我国工业行业的劳动收入份额下降时运用了外资流入的“工资溢出”,结果如下:在东道国高技能型劳动力相对短缺的情况下,外资必须支付高于本土企业的工资水平以吸引到足够的高技能人才,这种高工资行为让技能型人才回流到本土企业有很大的阻碍,导致技术外溢效应受到制约。与此同时,高技能劳动力的流出使得本土内资企业的平均工资水平大幅下降,最终导致劳动要素的收入份额逐渐下降。代克洛斯和马雷克(Decreuse和Maarek,2008)以发展中国家为研究对象,在分析发展中国家劳动要素收入份额时引入了FDI的影响,他们指出FDI通过以下两个方面对劳动收入份额产生影响:一方面,FDI增强了对高技能劳动力的需求,提高了发展中国家劳动力市场的竞争程度,对劳动力报酬产生了正向影响;另一方面,FDI带来了新的技术,这使得企业对资本的需求上升,对劳动力需求减少,产生了对劳动收入份额的负向影响。就目前而言,负向影响大于正向影响,发展中国家劳动要素分配份额下降了10%—20%。

(四)贸易开放度

古斯希纳(Guscina,2010)从要素偏向型技术进步、贸易开放度和就业保护的变动三个方面对劳动要素收入的减少作出了解释,在贸易开放度方面,其认为:根据H—O理论,一国在国际分工过程中,一般会选择从事其具有竞争优势的行业进行生产,即资本密集型产品极大可能会在资本密集型国家集中生产,这将使得劳动力的需求会在这些资本密集型国家减少,从而导致劳动收入份额的下降。张杰、陈志远、周晓艳(2012)基于出口视角分析了我国劳动要素收入份额下降的原因,他们从微观企业层面出发,结合中国制造业企业在国际生产链中既定价格接受者的事实,认为企业的出口扩张往往以对劳动力的压榨实现,并通过对不同所有制企业的回归发现:民营企业、港澳台企业出口对劳动要素收入份额的提升产生了明显的抑制作用,一是由于民营企业和港澳台企业大都为劳动密集型企业,二是因为这两类企业面临金融抑制等比较严格的发展环境,所以他们更可能将“纵向压榨效应”“俘获效应”传递给劳动者,从而导致了劳动要素收入份额的下降。肖文、周明海(2010)以贸易模式的转变为切入点,解释了劳动要素收入份额的变动。他们运用1993—2007年工业细分行业的数据分析表明:从出口角度来看,我国的贸易开放对劳动要素收入份额的变动呈现负向效应,这是由于我国在出口大量劳动密集型产品的同时,也大量出口了资本密集型产品,即我国出口贸易产品结构由资本密集型产品替换了劳动密集型产品,从而导致了劳动要素收入份额在我国工业部门的下降;从进口角度来看,我国进口依存度对劳动要素收入份额具有正向关系,在1996年之前,我国处于进出口高度相关的加工贸易模式,而在1996年之后,逐渐开始向出口型加工贸易模式转变,导致了劳动要素收入份额在我国工业企业呈现先上升后下降的变动趋势。以上结果说明,我们要在正确区分外资进入动机的前提下吸引外商投资,制定适当政策,保护本土劳动力议价能力,缓解地方政府间的恶性竞争,弱化外商直接投资对我国劳动者报酬份额的负向作用,促进我国经济平稳增长。

(五)融资约束

诺义迈耶和佩里(Neumeyer 和 Perri,2005)率先提出了“流动资本”这一概念,他们在考察发展中国家工资波动时认为企业在运行过程中需要通过向银行借贷形成“流动资本”,以这部分资金支付劳动力报酬,而发展中国家在进入经济收缩阶段时,其利率在逆周期特性的作用下升高,从而造成了企业借贷成本的增高,以及流动资本数量的减少和劳动力需求的减少,进而工资水平下降,劳动收入份额下降。罗长远、陈琳(2012)在分析劳动收入份额下降的影响因素时,从融资约束切入,采用世界银行对中国企业所做的问卷调查数据,将这些来自18个城市10个行业的企业进行筛选,得到了1198家制造业企业的微观数据,通过对比分析劳动收入份额得到:在金融市场不完善的情况下,国内私人企业在面临较高的债务水平时,其偿债能力会下降,导致其从外部金融机构获得资金流通的机会减小,雇佣劳动力数量减少了,工资水平降低,从而劳动收入份额下降。同时通过对比国有企业和外资企业得出,私人股份和劳动收入份额呈现反向关系。基于我国中小民营企业面临信贷融资约束的事实,汪伟、郭新强、艾春荣(2013)在解释中国低消费现象时,发现劳动收入份额与最终消费率的时间序列总是呈现出同步变化的趋势,在解释劳动要素收入份额下降的原因时,他们选择从中国经济的金融抑制和金融市场摩擦角度出发,认为中小企业面临的信贷约束导致了我国劳动要素收入份额的下降,从而对我国的消费率产生了负面影响,造成了消费率的下降。具体分为以下两条作用途径:第一,中小民营企业在面临较强的融资约束时,无法从企业外部获得资金支持,转而选择通过内部储蓄放松借贷约束,伴随着不断上升的企业内部储蓄率,民居能够通过企业内部分配到的利润大幅下降,导致劳动要素收入份额的减少;第二,中小民营企业吸纳了大量劳动力,在收到融资约束时,其无法从外部筹措到足够维持运营和支付工人工资的资金,在这种情况下,企业将会选择压缩劳动力雇佣数量与工资水平维持企业自身的运转,这一选择将不可避免地对劳动要素收入份额造成不利影响。这一研究解释了金融约束对劳动要素收入份额的影响,说明不完善的金融市场结构会阻碍中小民营企业的正常融资活动,产生对我国劳动收入份额以及消费率的不利影响,阻碍我国经济健康持续增长。

(六)政府税收

以上研究大都只着眼于国民收入的初次分配环节,没有考虑到再分配环节。在再分配环节,政府可能通过税收对要素收入分配结构产生影响。考虑到税前与税后要素收入分配结构是会出现一些差异的,郭庆旺、吕冰洋(2011)从税收对要素收入分配的影响这一视角出发,通过对比分析税前与税后的要素收入分配格局,再次证实了资本分配份额不断上升、劳动分配份额不断下降这一趋势,并且得出:劳动和资本这两种要素的税后分配份额一直低于税前的分配份额。研究表明:税收对要素分配份额产生影响是通过替代效应和收入效应这两种途径,前者即替代效应改变了企业投入到生产中的两种要素的比例,从而改变了税前要素收益率;后者即收入效应改变税后要素分配份额则是通过直接税。具体而言,企业所得税、增值税、营业税都会直接对资本收入份额产生负向影响,且营业税对降低资本收入份额的影响程度较大;劳动所得税、增值税、营业税在降低劳动要素分配份额方面都可以起到不同程度的作用,其中劳动所得税的影响力是最大的;通过对比增值税对资本及劳动收入份额的影响系数发现,增值税对劳动收入份额的负向作用明显高于对资本收入份额的影响程度。王燕、陈欢(2015)在研究政府征税对劳动收入份额的作用时指出,生产税率的提高在一定程度上可以解释劳动收入份额的下降,首先,生产税作为政府税收的一个组成部分,税率的升高可以导致政府税收的提高,从而使得劳动收入在 GDP 中所占的比重下降;其次,生产税伴随着商品出售过程转嫁给消费者,降低了消费者的实际收入水平,从而导致了劳动要素收入份额的下降。上述研究揭示了税收对国民要素收入分配格局的影响,并且具体区分了不同税种对资本及劳动两种生产要素的分配份额的不同作用,有助于我们进一步调整现行税收政策、完善税收制度,通过降低对增值税的依赖、完善消费税制,大幅度提升奢侈品税率、征收财产税等方式,发挥税收对资本收入份额的抑制作用,在一定程度上降低资本分配份额,提升劳动力分配份额,努力实现更高质量、更有效率、更加公平的发展。

第二节　要素收入分配结构与经济增长数量

改革开放政策实施下的中国经济史以持续增长为特征，这样的增长史同时又以资本收入份额的上升与劳动收入份额的下降为特点。近年来经济增长路径的特点显示出劳动收入份额加速下降的趋势。研究不断下降的劳动收入份额对经济增长的影响，不仅对新常态下经济增长方式的选择产生重要影响，而且决定着我国收入分配改革的方向。在这种现实需要下，研究劳动收入份额如何影响经济增长更具紧迫性。

学者们对于要素收入分配与增长关系的关注可以追溯到 20 世纪 90 年代。自此，经济学家就在不断探索二者之间的关系，以期解释现实世界的经济现象，并对促进经济增长提出有效可行的建议。现有文献在此方面的研究主要从两个角度展开：一是要素收入分配通过改变需求而影响增长（Bowles 和 Boyer，1995；Hein 和 Vogel，2009；黄乾、魏下海，2010；刘盾、施祖麟、袁伦渠，2014；吴江、周秀帅，2011）；二是要素收入分配通过改变生产率影响增长（Naastepad，2006；赵锦春、谢建国，2014；邹薇、袁飞兰，2018）。

一、要素收入分配影响经济增长的需求机制

现有文献以有效需求为视角对要素收入结构影响经济增长数量的研究主要以比哈杜里和马格林（Bhaduri 和 Marglin，1990）的理论研究为基础，将经济体区分为工资领导型的需求体系与利润领导型的需求体系，研究了不同国家以有效需求为基础的经济数量增长方式的差别（Bowles 和 Boyer，1995；Hein 和 Vogel，2009），同时对有效需求视角下中国的需求体系进行了分析，说明了要素收入分配结构如何影响增长数量（黄乾、魏下海，2010；刘盾、施祖麟、袁伦渠，2014；吴江、周秀帅，2011）。

早期增长理论认为偏向资本而非劳动的分配结构是经济增长的关键，但

比哈杜里和马格林(1990)在不考察政府活动的两部门经济中,通过与消费不足理论的对比,在重建 IS 曲线说明经济活动中不同的真实工资所对应的不同产品市场出清水平的基础上,论证了经济活动受到有效需求强有力的影响。通过考察 IS 曲线斜率的符号,他们将经济增长的类型分为两类。当 IS 曲线向右下方倾斜时,较高的实际工资会带动有效消费需求的增长,并且这种需求的增加超过由高的实际工资产生的高成本带来的利润下降所引起的投资需求减少,他们称这种情况下的需求体系为工资领导型(wage—led)的需求体系。在工资领导型需求体系下,劳动在收入中所占比例的增加会推动总需求增长。当 IS 曲线斜率为正时,较高的实际工资所带来的高的有效消费需求并不足以抵消由其带来的生产成本上升所造成的投资需求的下降,他们称此情况下的需求体系为利润领导型(profit—led)的需求体系。在利润领导型的需求体系下,劳动在收入中所占比例的增加会抑制总需求增长。综上所述,在一个经济体中,收入分配是要向资本还是劳动倾斜取决于驱动总需求的是消费需求还是投资需求。而比哈杜里和马格林研究的只对要素收入分配如何影响经济增长进行了理论分析,而没有进行实证分析验证已有的结论,为之后的研究留下很大的空间。

鲍尔斯和波伊尔(Bowles 和 Boyer,1995)在比哈杜里和马格林(1990)理论研究的基础上,建立投资、储蓄与净出口的单方程估计模型,通过对 1961—1987 年美国、法国、英国、德国、日本的数据进行 OLS 回归,首次对比哈杜里—马格林(Bhaduri—Marglin)模型进行了实证分析,得到的结果表明工资领导型的需求体系决定美国及英国劳动收入份额对增长的影响,即在美国和英国经济增长受益于劳动在收入中所占比例增加引致的有效需求。日本、德国和法国属于利润领导型的需求体系,劳动收入份额上升所带来的消费需求的增加量不足以抵消投资需求的减少量,因而会阻碍经济增长。这样的结果证实了比哈杜里和马格林(1990)所得出的理论结论。

海因和沃格尔(Hein 和 Vogel,2009)在比哈杜里和马格林(1990)研究的基础上建立了排除政府经济活动的开放经济模型，利用鲍尔斯和波伊尔（1995）率先提出的考虑总需求各个组成部分的单方程估计方法，将奥地利和荷兰作为小型开放经济体，美国、英国、法国和德国作为大型半开放经济体，分别验证功能性收入分配对经济增长的影响。通过对美国、英国、法国和德国1960—2005年的经济数据进行分析，可以得出其劳动收入份额的提高会促进经济增长，应属于工资领导型的需求体系；而对奥地利、荷兰1960—2005年的经济数据进行分析，可以得出其劳动收入份额的提高会抑制增长，应属于利润领导型的需求体系。两人通过分析要素收入分配对净出口的影响对原有模型进行了扩展，得到的理论结论显示，当劳动收入份额提高时本国产品成本增加，在国际市场上本国产品相对昂贵，而国外产品则相对便宜，导致外国对本国产品的需求减少。根据以上论述内容可知，通过三种效应，经济增长受到劳动收入份额的影响：一是当劳动收入相对增长带来的消费需求增加量大于投资需求减少量时引致的正有效需求；二是当劳动收入相对增长带来的消费需求增加量小于投资需求减少量时引致的负有效需求；三是当劳动收入相对增长带来的产品成本上升引起本国产品在国际市场上变得相对昂贵时净出口需求下降引致的负有效需求。因而，劳动收入份额上升对经济增长的影响取决于上述三种效应的强弱，当消费需求的增加量超过投资需求与净出口需求的减少量时带来正有效需求，增长被促进；而当消费需求的增加量小于投资需求与净出口需求的减少量时带来负有效需求，增长被阻碍。考虑对外贸易的实证研究再次检验了上述结论，当考察要素收入分配的净出口抑制作用时，奥地利会从封闭条件下的工资领导型需求体系向利润领导型需求体系转变。

在有效需求视角下，我国学者对要素收入分配结构如何影响经济增长进行了有益的探索，其所得出的具体结论如下所示。

黄乾、魏下海（2010）利用史托克哈默等（Stockhammer 等，2007、2008）包括了劳动收入份额的总需求函数，在研究总需求各组成部分如何随劳动收入份额的变化而变化的条件下，得出总需求随劳动收入份额变化的方向取决于消费需求与投资需求变化的相对大小。在工资领导型的需求体系下，总需求随劳动收入份额提高而增加；在利润领导型的需求体系下，总需求随劳动收入份额提高而减少。通过对我国 1994—2007 年的省份数据进行实证分析得出，长期劳动收入份额的提高能够促进消费增加，但是会引起私人投资的下降，在不考察劳动收入份额的变动对进出口的影响时其所带来的消费需求的扩张效应超过了对投资的抑制效应，因而对国内需求产生正向影响。

刘盾、施祖麟、袁伦渠（2014）选择将比哈杜里—马格林（1990）模型作为理论基础，在忽略政府收入、总收入在资本与劳动两种要素之间进行配置的情况下，考察了资本收入与劳动收入对经济组成部分中的消费、投资和进出口的增长率的影响，通过对总需求的影响分析得出，当满足特定条件时，劳动收入份额提高促进经济增长，此时的经济属于工资领导型。以中国 1978—2012 年的时间序列数据为样本进行实证检验，将劳动收入份额作为解释变量分别对生产函数、投资函数、进口函数和出口函数做回归，结果表明，劳动在收入中所占比例提高会增加消费需求、减少投资和净出口需求，然而，总体上看其比例提高会促进增长，即现阶段我国呈现的“工资拉动增长”类型。

吴江、周秀帅（2011）认为增长在直接与间接两种路径下受到劳动收入份额变动的影响。劳动收入份额对经济增长的直接效应体现于其对消费与投资的影响的相对大小，通过引入史托克哈默（Stockhammer，2008）的总需求模型来分析。在排除了生产税净额与固定资产折旧时，劳动收入份额对消费需求产生正向影响，而对投资需求产生负向影响，当经济增长是由劳动收入份额提高所带来的消费需求的增加引起时，我们称这种增长模式为“工资驱动型”的增长模式；当增长所受抑制由劳动收入份额提高所带来的投资需求的减少引起时，我们称这种模式为“利润驱动型”的增长模式。劳动收入份额通过收入差距间接作用于增长。劳动报酬者之间和劳动报酬者与资本报酬者这两个群体之间的收入差距构成总收入差距，由于劳动报酬者之间的内部差距远远小于其与资本报酬者之间的收入差距，因而劳动收入份额的变化会导致收入差距的变化，低的劳动收入份额代表着高的收入差距，高的收入差距会对经济增长产生抑制作用。

二、要素收入分配影响经济增长的生产率机制

现有文献关于要素收入分配通过生产率机制作用于增长的研究主要从两个方面展开：一是从一国的需求体系出发，研究要素收入分配的变化在不同需求体系下对劳动生产率会有不同的影响，在利润主导型的需求体系下劳动收入份额的增加引起产能利润率的上升会促进劳动生产率的提升，而在工资主导型的需求体系下其对劳动生产率的作用难以确定（赵锦春、谢建国，2014）。二是通过分析需求机制和生产率机制这两种要素收入分配影响增长的机制的相互作用，研究了要素收入分配对生产率的需求效应对生产率的间接影响以及直接影响（Naastepad，2006；赵锦春、谢建国，2014；邹薇、袁飞兰，2018）。

纳斯特帕斯（Naastepad，2006）认为劳动收入份额通过生产率机制和需求机制影响经济增长，首先，劳动收入份额通过需求机制，促使工资领导型需求体系的国家经济增长，相反会抑制具有利润领导型需求体系的国家经济增长；其次，在实际工资给定时，生产率上升导致劳动收入份额下降，在工资领导型的需求体系下引起经济增长，而在利润领导型的需求体系下会抑制经济增长。实际工资增长率扣除劳动生产率增长率即可得到劳动收入份额增长率。在工资领导型的需求体系下，当生产率给定而实际工资提高时，劳动收入份额提升带来总需求增加会促进经济增长，在此基础上，凡登定理以及实际工资提高的引致技术进步假定带来的生产率提升会进一步促进经济增长。在利润领导型的需求体系下，当生产率给定实际工资提高时，劳动收入份额上升带来总需求的减少会抑制经济增长，凡登定理表明，生产率降低会进一步抑制经济增长，而在实际工资提高的引致技术进步假定下生产率的提升会部分抵消劳动收入份额提升带来的经济增长的抑制效应。在工资领导型的生产率体系下，生产率增长率随实际工资增加而提高；在利润领导型的生产率体系下，生产率增长

率随实际工资增加而降低。不同的需求体系与生产率体系决定了经济体的三种类型：当需求体系和生产率体系均为工资领导型时，该经济体为技术倒退停滞型；当需求体系为利润领导型而生产率体系为工资领导型时，该经济体为技术退步增进性；当需求体系和生产率体系均为利润领导型时，该经济体为技术进步增进型。利用荷兰 1960—2000 年的时间序列数据进行实证分析发现，荷兰 1960—2000 年的需求体系、生产率体系均为工资领导型，所以荷兰属于技术倒退停滞型，其实际工资率的下降抑制了经济增长。

赵锦春、谢建国（2014）利用具有内生技术进步的后卡莱茨基模型，在模型中考虑了要素收入分配与劳动生产率的作用，在技术进步为劳动集约型以及国民收入由劳动和资本分享的假定下，不考虑政府部门的影响，分析了要素收入分配对国民收入各组成部分的影响，得出当经济达到均衡时，利润率在不同的需求体系下对劳动生产率产生不同的影响。在利润主导型的需求体系下，当一国的资本所有者的利润收入占总产出的比例表示利润率上升会引起产能利用率与投资率共同上升时，劳动收入份额的增加会促进劳动生产率的提升从而促进增长；在工资主导型的需求体系下，当一国的利润率上升引起产能利用率与投资率共同下降时，其劳动生产率受到的影响难以确定。利用 28 个 OECD 成员 1961—2011 年的数据，在确定了各成员的需求体系的基础上，根据需求体系对成员进行分类得到子样本，利用利润主导型需求体系成员的样本进行回归，结果表明，劳动收入份额的提高对劳动生产率没有显著影响，而对工资主导型需求体系国家子样本的回归结果显示，劳动收入份额增加能够提升劳动生产率。

邹薇、袁飞兰（2018）认为实际工资率的提高表现为劳动在收入中所占比例上升，该比例上升时，一方面企业选择相对减少其劳动需求，另一方面刺激工人工作积极性提高，提高劳动生产率。劳动收入份额对其生产率的作用效果在将其收入份额的需求效应纳入分析框架时发生变化。在“工资拉动型”需求体系下，劳动生产率增长率随着其收入份额上升带来的总产出增加引致的正维多恩效应而提升;在"利润领导型"需求体系下,劳动生产率增长率随着其收入份额上升带来的总产出减少引致的负维多恩效应而下降。因而,劳动收入份额对劳动生产率的影响不仅取决于其生产率效应,还取决于一个经济体需求体系的类型以及生产率效应和需求效应的大小。利用我国1978—2015年的数据,实证分析劳动收入份额如何影响其生产率,研究结果表明,劳动在收入中所占比例的变动对其生产率产生正直接效应,在需求体系为"利润领导型"时,劳动生产率由于维多恩效应随劳动收入份额的提高而下降。

以上所述文献从多种角度分析了要素收入分配结构影响增长的机制,但是其分析只局限于对增长量的剖析。经济增长质量衡量增长总体状况,全面反映增长过程中所涉及的诸多因素,能够综合评价经济发展条件、过程、结果。因而,在分析增长如何随要素收入分配结构变化时,不能局限于要素收入分配变动对增长数量的影响,还需将要素收入分配结构如何作用于增长质量纳入分析范畴。结合现有文献,下一节将对经济增长质量的界定、测算与影响因素展开说明。

第三节　要素收入分配结构与经济增长质量

一、经济增长质量的界定

已有文献主要从两个角度界定经济增长质量内涵:一是狭义视角,经济增长质量被界定为单位经济增长率中剩余产品的数量、增长率、经济效率、绿色GDP和现有产出水平对潜在产出水平的偏离程度、全要素生产率(王积业,2000;Chow 和 Li,2002;刘亚建,2002;康梅,2006;沈坤荣、傅元海,2010;刘艳、马占新,2014;肖欢明,2014;高艳红、陈德敏、张瑞,2015)。二是广义视角,经济增长质量被界定为增长的条件、过程和结果所包含的经济内容(Vinod,2000;Barro,2002;赵英才、张纯洪、刘海英,2006;刘树成,2007;钞小静、惠康,

2009;任保平,2012;程虹、李丹丹,2014;Montfort 和 René,2014;王英娟、李荣平、陈松松,2011;钞小静、任保平,2014)。

(一)经济增长质量的狭义界定

已有的关于增长质量的狭义界定主要从增长效率入手,将经济增长质量理解为投入产出比率、全要素生产率、剩余产品、资源配置效率和实际产出水平对潜在产出水平的偏离程度等(王积业,2000;乔和李,2002;刘亚建,2002;康梅,2006;沈坤荣、傅元海,2010;刘艳、马占新,2014;肖欢明,2014;高艳红、陈德敏、张瑞,2015)。

王积业(2000)认为生产要素的积累与生产率改进的相互作用促进增长质量提升,需以增长的源泉作为研究增长质量的出发点,只有技术进步和提高资源配置效率才能改善增长质量。以产出为着眼点,增长质量表示为单位经济增长率的剩余产品量,而以投入为着眼点,增长质量表示为单位经济增长率的资金、物质消耗。

乔和李(2002)基于一个技术进步是长期增长来源的思想,增长质量表示为全要素生产率(TFP)。要素投入变化和全要素生产率提高是产出增长的源泉,而由要素投入变化推动的增长效应一方面受制于要素边际报酬递减的约束,另一方面也受到生产要素增长速度会减缓这一趋势的影响,因而经济的长期增长来源于技术进步。他们利用这一分析框架对中国的经济增长质量进行分析,结果表明,自 1978 年以后每年约 3%的全要素生产率解释了中国经济增长中的 32%。

刘亚建(2002)将增长质量表示为单位增长率中的剩余产品数量,增长质量随单位经济增长率所需投入的减少而提高。高质量中速增长模式对经济体财富增加的作用要大于低质量高速增长模式。

康梅(2006)认为硬技术进步、软技术进步和规模增长是促进增长的三种驱动力,增长率由这三种因素决定,在此基础上对该三种因素对增长率的作用大小进行测算,并利用以上研究内容给出了在投资增长模式下如何对经济增长质量进行测度。

沈坤荣、傅元海(2010)以增加值与中间投入的比率代表增长质量,从而用人均增加值与人均中间投入的比率表示增长质量。在界定增长质量内涵的基础上通过理论论述与实证检验分析,论证了外商直接投资能够提升增长质量,提升路径为技术进步、技术扩散与转移。

刘艳、马占新(2014)将增长质量表示为全要素生产率,认为技术效率代表全要素生产率,在此基础上采用数据包络分析(DEA—Malmquist)方法对我国技术效率进行估计,得出技术效率在不同的省份取不同的值,从数值大小的变化趋势来看,东部、中部和西部差异较大,这种差异不存在明显的缩小趋势,这一结构与我国采取的中部崛起与西部大开发战略相符。

肖欢明(2014)认为社会资源配置效率代表增长质量,并进一步将资源投入明确为自然资源的投入,提出环境污染损失应从产出中剔除,即测度增长质量选用绿色 GDP,而非 GDP。绿色 GDP 由 GDP 扣除自然资源消耗和环境污染损失得出的量表示,自然资源消耗指生产中由于消耗不可再生的自然资源所带来的产出的增加,并用维护成本定价法估计由于环境污染造成的损失。

高艳红、陈德敏、张瑞(2015)利用卢卡斯(Lucas,1988)提出的内生经济增长模型,用现有产出水平与潜在产出水平的差距表示增长质量,当实际产出位于生产可能边界上时,技术完全有效,经济增长质量最高为 1;当实际产出小于潜在产出时,技术无效,增长质量小于 1。

(二)经济增长质量的广义界定

现有文献关于经济增长质量内涵的广义界定是一个不断发展完善的过程,早期的研究以各国只追求经济增长速度所带来的严重经济、社会问题为基础,提出了以预期寿命、机会分配、收入分配、环境状况等为内容的从结果层面进行的经济增长质量内涵界定(Vinod,2000;Barro,2002)。

维诺德(Vinod,2000)认为,增长质量反映经济增长过程的关键内容,包括机会分配、环境的可持续性、全球性风险的管控和治理结构,完善了对增长的衡量。机会分配中受教育机会的分配会影响到人力资本积累,人力资本作为穷人最重要的财富会对其收入产生重要影响,通过提高贫困人口接受良好教育的机会增加其潜在收入,能够减少贫困;环境的可持续性能够催生出更加可持续的经济增长,在经济增长波动性较强以及增长对穷人有更多负面影响的国家,提高环境的可持续性对可持续增长的促进作用更显著;对全球金融风险的管控,能够通过降低不平等程度、促进社会稳定以及强化民主程度和民主机构功能提升经济增长的稳定性;来自跨国的证据表明,透明有效的政府机构是与更高的增长率、更大的社会成就相联系的。

巴罗(Barro,2002)认为预期寿命、环境状况、生育率、收入不平等、政治状况和宗教信仰情况等维度是经济增长质量的决定因素,经济增长质量的政治维度应当是包括以选举权、法律地位的维持和官方腐败为内容的民主程度,而宗教信仰作为一国文化的核心内容也应被纳入增长质量的内容中,利用多个国家的数据对包含上述因素的经济增长质量进行了实证分析,从福利的角度说明了经济增长与收入差距、环境污染和预期寿命等的关系。

随着学者们对经济增长质量研究的不断深入,其认识到增长质量作为一个多层次综合性指标,衡量内容不能仅从增长的结果入手,还应该考虑增长过程对增长质量的影响。增长的结构、稳定性和可持续性等经济增长过程的内容开始被纳入增长质量内涵的界定中(赵英才、张纯洪、刘海英,2006;刘树成,2007;钞小静、惠康,2009;任保平,2012;程虹、李丹丹,2014;Montfort 和 Rene,2014)。

赵英才、张纯洪、刘海英(2006)认为经济增长质量应包含经济系统的投入产出效率、最终产品和服务的质量以及环境和生存质量三个层次。其中,投入产出效率反映单位产出对生产要素的消耗,最终产品和服务的质量反映最终产品或服务带给消费者的效用,环境和生存质量反映经济增长的均衡性与可持续性。

刘树成(2007)将经济增长态势的稳定性、结构的协调性和增长方式的可持续性作为度量增长质量的指标,只有在经济增长态势更加稳定、经济增长结构更加协调和经济增长方式更加可持续时,经济增长质量才会不断提高。在此基础上,将增长数量与质量紧密相关,应作为一个统一的整体来考察经济增长状况。

钞小静、惠康(2009)认为增长质量需包含其相关因素,其外延由增长与发展的异同决定。增长的本质特性是增长质量的内容,其会随着经济增长路径的发展变化而变动,对增长状况与增长未来走向的判定具有重要作用。具体而言,增长质量包含过程与结果两方面的内容,增长质量包含增长的结构和稳定性等过程内容以及福利变化和成果分配以及资源利用和环境代价等结果内容。

任保平(2012)从四个方面界定增长质量内涵:首先,增长数量是质量的基础,要既关注数量也要关注质量;其次,增长质量内容丰富,对其理解要从增长过程中结构协调、稳定性、福利分配的改善和环境资源代价的降低等方面进行;再次,增长质量对增长结果和前景的强调能够弥补只关注增长数量对长期发展的不利影响;最后,关于增长质量的研究应是规范分析,是对经济增长优劣程度的判断。

程虹、李丹丹(2014)认为质量指事物固有特性对社会需要的满足程度,因而经济增长质量应该是经济增长的固有特性对社会需要的满足程度,其中经济增长的固有特性指经济中产品与服务产出的增加,而社会需要包含经济总量持续增长、生产效率不断提升、经济结构不断优化、产品及服务标准不断提高以及社会福利水平持续提升。

蒙特福特和勒内(Montfort 和 Rene,2014)将增长质量理解为包容性增长,高质量增长是一种长期的、社会友好型的高增长。从上述对增长质量的理解可知增长质量指数应当包含增长的自然属性与社会维度。其中,增长的自然属性要求经济增长是强有力、稳定、可持续的，并且要求增长是以出口为导向、能够提高全要素生产率，并促进各部门共同增长的。而经济增长质量的社会维度要求增长能够促进教育、居民健康状况等社会内容的发展。

经济增长质量作为对增长内在性质的刻画，仅从其过程和结果判定其优劣，不足以对增长状况作出全面的评价，因此现有研究将经济增长质量的内涵进一步延伸，将创新能力、人力资本和协调能力等增长条件的内容纳入对经济增长状况的评价之中，从经济增长的条件、过程和结果三个维度界定增长质量的内涵（王英娟、李荣平、陈松松，2011；钞小静、任保平，2014）。

钞小静、任保平（2014）认为对增长质量内涵的理解应以增长性质与特性为着眼点，从反映增长基础的增长条件、反映增长稳定性和经济结构协调性的增长过程和反映增长有效性及其对居民福利水平及分配的增长结果来界定。

二、经济增长质量的测算

根据经济增长质量内涵，现有文献主要以全要素生产率作为增长质量的狭义测度，采用索洛余值法、隐性变量法、随机前沿分析法、数据包络分析法对其进行了测算（颜鹏飞、王兵，2004；郭庆旺、赵志耘、贾俊雪，2005；郭庆旺、贾俊雪，2005；许冰、章上峰，2008；刘洪、昌先宇，2011；魏下海、余玲铮，2011；高艳红、陈德敏、张 瑞，2015）；在广义视角下，现有文献主要采用相对指数法、熵值法、因子分析法和主成分分析法对经济增长质量进行测度（赵英才、张纯洪、刘海英，2006；Montfort 和 Rene，2014；马轶群、史安娜，2012；耿焕侠、张小林，2014；刘海英、张纯洪，2006；王博、邵全权，2015；钞小静、惠康，2009；魏婕、任保平，2012；毛其淋，2012；詹新宇、崔培培，2016）。

（一）基于狭义视角的经济增长质量测算

现有文献对全要素生产率进行测算的方法主要有：索洛余值法（郭庆旺、贾俊雪，2005；许冰、章上峰，2008）、隐性变量法（郭庆旺、贾俊雪，2005；刘洪、昌先宇,2011)、随机前沿分析法(魏下海、余玲铮,2011;高艳红、陈德敏、张瑞,2015)和数据包络分析法(颜鹏飞、王兵,2004;郭庆旺、赵志耘、贾俊雪,2005)。

1. 索洛余值法

索洛余值法在对总量生产函数进行估计的基础上,将得到的产出增长率扣除投入要素增长率之后的余值作为全要素生产率,对生产效率作出评价。

郭庆旺、贾俊雪(2005)从估计得到的总量生产函数出发,将全要素生产率表示为产出增长率减去劳动生产率和资本生产率后的值,利用我国 1978—2004 年的数据在对我国实际资本存量进行估算的基础上,对我国的全要素生产率进行了测算,结果表明,我国全要素生产率增长率最高的年份为 1992 年,而增长率最低的年份为 1990 年。

2. 隐性变量法

隐性变量法在设定状态空间模型并对其进行设定检验的基础上,利用极大似然估计法得到经济体的全要素生产率。

郭庆旺、贾俊雪(2005)以我国 1979—2004 年的数据为样本,利用隐性变量法对我国全要素生产率进行了测算,结果表明,全要素生产率增长率最高的年份为 1985 年,而增长率最低的年份为 1990 年。

刘洪、昌先宇(2011)以我国 1979—2008 年的数据为样本,在对数据进行处理及检验的基础上采用隐性变量法对全要素生产率进行了测算,结果表明,我国全要素生产率增长的时间路径可以划分为四个阶段:1979—1984 年,制度因素的改变带来了全要素生产率的强劲增长;1985—1989 年,投资效率的降低引致全要素生产率增长速度大幅减弱;1990—1994 年,与国际经济的紧密联系带来全要素生产率的高水平增长;1995—2008 年,受到经济及环境因素的影响,全要素生产率增长率在该阶段有较大的波动幅度。

3. 随机前沿分析法

随机前沿分析法在确定生产前沿、考虑随机因素对产出影响的基础上,通过求解决策单元在特定时期的技术效率，得出经济体的全要素生产率。

魏下海、余玲铮（2011）以我国 1990—2007 年的省际数据为样本，对我国全要素生产率的测算结果表明，在不同的时间范围内其有不同的变动趋势：1990—1992 年全要素生产率变动率较大且不稳定，1992—1999 年全要素生产率呈现下降趋势，2000 年之后全要素生产率缓慢增长。对地区年均全要素生产率增长率进行测算的结果表明，中部和东部地区全要素生产率增长率相似，年均增长率为 4.2%，西部地区全要素生产率增长较慢，年均增长率为 1.9%。对各省年均全要素生产率增长率的测算结果表明，年均增长率最高的是湖南，而增长率最低的为宁夏。

高艳红、陈德敏、张瑞（2015）采用柯布—道格拉斯生产函数（C—D 生产函数）构建随机边界生产函数模型，在证明随机前沿方法（SFA）方法适用性的基础上利用我国 2005—2012 年的数据对地区经济增长质量进行了测算，结果表明，东部、中部、西部三大地区中，东部地区的增长质量最高，西部地区的增长质量最低。

4. 数据包络分析法

数据包络分析法利用线性规划的方法，将决策单元的投入产出效率与最佳实践前沿面的投入产出效率进行比较，得出经济体的全要素生产率。

郭庆旺、赵志耘、贾俊雪（2005）以我国 1979—2003 年的省际数据为样本，在估算实际资本存量的基础上，利用数据包络分析（DEA—Malmquist）指数法对我国各省的全要素生产率增长率进行了测度，测算结果表明，1979—2003 年平均全要素生产率增长率最高的省份为上海，而增长率最低的省份为宁夏。

（二）基于广义视角的经济增长质量测算

根据对经济增长质量的广义界定，现有文献对经济增长质量进行测算的方法主要有：相对指数法（Montfort 和 Rene，2014；赵英才、张纯洪、刘海英，

2006)、熵值法(马轶群、史安娜,2012;耿焕侠、张小林,2014)、因子分析法(刘海英、张纯洪,2006;王博、邵全权,2015)、主成分分析法(钞小静、惠康,2009;魏婕、任保平,2012;毛其淋,2012;詹新宇、崔培培,2016)。

1. 相对指数法

相对指数法将相关指标处理成可比的指数形式后进行简单或加权算术平均的方法,因为只是进行简单的加权平均或算术平均,此方法会忽略各项指标之间的相关性,权重的赋值也存在结构固定不可变的问题。

赵英才、张纯洪、刘海英(2006)认为增长质量应包含产出效率、产品质量、生存环境质量、经济运行质量和产出消耗五个方面,在对二级指标进行简单平均的基础上,根据得出的结果对基础指标进行了简单算术平均与加权平均,得到的结果显示,1978—2002 年我国的增长质量呈现波动中上升的趋势。

蒙特福特和勒内(Montfort 和 Rene,2014)从增长的自然属性与社会维度构建经济增长质量指数,其中增长的自然属性包含增长强度、增长稳定性、资源多样化和对外开放度,而增长的社会维度包括教育或知识的可得性以及寿命和健康。在对经济增长质量构成内容的相关数据进行标准化处理后,对构成增长自然属性的四个维度各赋 0. 25 的权重,而对增长社会维度的两个方面内容各赋 0. 5 的权重,对其进行加总后得到增长自然属性指数与社会维度指数,进一步对二者进行算术平均得到经济增长质量指数。以 93 个发展中国家 1990—2011 年的数据为样本,对其经济增长质量进行测算,从时间最近的子样本得到的结果表明,经济增长质量最高的三个国家为保加利亚、中国和阿根廷,最低的国家为中非共和国和尼日尔共和国。

2. 熵值法

熵值法根据信息的无序度来衡量信息的效用值,并对基础指标进行客观赋权,但其所具有的劣势是忽略了各指标之间的相关关系,并且对指标的赋权依赖于样本数据,降低了赋权的准确性。

马轶群、史安娜(2012)认为经济增长质量包含增长方式质量、增长过程质量和增长结果质量三个维度，在原有熵值法的基础上，利用改进了的赋权方法在剔除了数据中极端值的情况下对指标进行赋权，得到经济增长质量指数。利用我国 1878—2010 年的数据进行测算的结果表明，我国的经济增长质量指数总体上呈现波动上升的态势。

3. 因子分析法

因子分析法通过构造因子模型对数据集进行降维，根据相关性将数据分组得到少数几个公共因子，并确定其权重以得到所需指标数值，但这些公共因子的经济意义不能完全确定，并且根据相关性进行的数据分类会产生数据遗漏的问题。

刘海英、张纯洪（2006）根据经济增长质量所体现的对增长效率、资源消耗和环境保护等方面的要求提出经济增长质量评价体系应当包含的 14 个指标，并利用因子分析法对上述 14 个指标进行处理得出经济增长的效率、成本和可持续发展三个不相关的公共因子，在此基础之上利用因子分析模型得到最终的经济增长质量指数。以中国 1978—2004 年的数据为样本得到的测算结果显示，在排除了个别极端值后，我国的经济增长质量指数整体上呈现上升的趋势。

王博、邵全权（2015）认为增长质量包含经济增长的驱动要素、结构、稳定性和福利效应四个维度，利用因子分析法将四个维度下的 22 个子指标转化为由主成分分析法得到的四个公因子，并以因子分析法得到的方差贡献率作为上述四个公因子的权重，合成得到经济增长质量指数。运用我国 1999—2010 年的数据得到的测算结果表明，我国经济增长质量的变化没有表现出明显的时间趋势，具有较大的波动性。

4. 主成分分析法

主成分分析法与因子分析法相似，都是通过对数据指标进行降维后赋权、合成达到所需指标数值，但相对于因子分析法，主成分分析法保留了原数据信息，能够消除指标间的相互影响，是现有经济增长质量测度中广泛应用的一种方法。

钞小静、惠康(2009)根据增长质量内涵,认为增长质量包含增长结构、稳定性、福利变化和成果分配以及资源利用和生态环境代价四个方面,采用主成分分析法对中国1978—2007年的数据对各维度进行了赋权,合成得到增长质量指数,结果显示,其呈现出波动上升的趋势。

魏婕、任保平(2012)认为增长质量包含经济增长效率、稳定性、结构、福利变化和成果分配、资源利用和生态环境代价六个维度,并在此基础上构建指标体系,运用主成分分析法确定各基础指标的权重,并用该方法对赋权后基础指标进行合成得到增长质量指数。对我国地区增长质量的测算结果表明,指数排名最靠前的三个省份依次是北京、上海和广东,而排名最后的三个省份依次为贵州、青海和云南。

毛其淋(2012)认为增长质量包含增长的协调性、有效性、持续性、稳定性和分享性五个维度,并在此基础上构建指标体系,运用主成分分析法得到的第一主成分对增长质量的五个维度进行赋权,利用各维度具体数值及所赋得的权数合成得到经济增长质量指数。以我国1978—2009年的数据为样本进行测算的结果表明,中国经济增长质量指数波动上升,具体来说,1978—1985年指数稳步上升,1986—1992年开始缓慢下降,1993—2009年又开始呈现上升趋势。

詹新宇、崔培培(2016)根据新发展理念,以创新、协调、绿色、开放和共享作为基础指标构建增长质量指数,利用主成分分析法对各指标进行赋权并合成,得到增长质量指数。以我国2000—2014年的省际数据为样本进行测算的结果表明,2000—2014年我国各省经济增长质量指数呈波动上升态势,2014年指数排名前三位的省份依次为广西、贵州和江西。

三、经济增长质量的影响因素

经济增长质量作为衡量增长状况优劣程度的指标,包含了众多影响增长的因素，因而许多对增长状况产生影响的因素都会影响增长质量，本部分从制度因素（钞小静、任保平，2008；陈丹丹、任保平，2010；李强、魏巍，2015）、政府支出（张苏、唐婧，2010；郭晗、任保平，2011；詹新宇、王素丽，2017）、对外开放（李娟伟、任保平，2013；随洪光、刘廷华，2014；林丽、陆智强，2016；李艳、刘国歌，2017；沈国云，2017）、经济结构（沈利生，2009；钞小静、任保平，2011；刘秋生、刘雪娇，2013；高艳红、陈德敏、张瑞，2015；匡远凤、黄晓璐，2015；胡承河、李强，2018）、金融发展（马轶群、史安娜，2012；王博、邵全权，2015；杨俊、李之民、周曦冉，2015；随洪光、段鹏飞、高慧伟、周瑾，2017）、创新（梁红敏，2002；黄志基、贺灿飞，2013；史自力，2013；王竹君，2014；白俊红、王林东，2016；申童童，2016）、人力资本（刘海英、赵英才、张纯洪，2004；张长征、李怀祖，2005；周路，2015；彭越、张佳睿，2018）七个方面对现有文献进行梳理，具体内容如下。

（一）制度因素对经济增长质量的影响

现有文献主要从经济转型和制度变迁等方面分析制度因素对经济增长质量的影响，研究结果表明，经济转型和制度变迁均提升经济增长质量。

钞小静、任保平（2008）认为经济转型作用于增长质量的两种方式为：一是经济转型下的新制度能够激励经济主体将生产的负外部效应内部化，使经济增长与环境质量提升和谐进行，促使经济增长质量提升。二是经济转型形成的新制度要求的行为规范能够约束经济主体的行为以减少其寻找投机机会的倾向，降低资源环境受到破坏的可能性，同时投机行为的减少会使经济主体行为具有可预测性，可以减少经济往来中因交易对方行为不确定带来的摩擦，降低交易费用和合作成本，提高经济效率，改善增长质量。通过运用中国1978—2004年的数据对经济转型的三个主要方面——市场化、工业化和城市化——与经济增长质量的关系进行实证检验，可以发现，市场化、工业化和城市化均能提升增长质量，其中城市化的提升作用最为明显。

陈丹丹、任保平（2010）认为内生增长因素对增长质量的促进作用有限，制度是影响提升增长质量一大重要驱动因素。制度变迁通过以下机制作用于增长质量:首先,制度变迁通过经济中的不确定性促进经济稳定增长,从而提升增长质量;其次,制度变迁与技术变迁的相互影响通过促进技术进步提升增长质量;再次,收入分配制度的变迁能够有效拉动消费需求增长,需求在量上的增加以及在结构上的优化能够激励企业在竞争中进行创新、推动产业结构升级,从而提升经济增长质量;最后,制度的完善能够抑制企业的机会主义行为,减少生产的资源环境代价,提升增长质量。利用我国 1992—2007 年的数据,以市场化指数表示的制度变迁,实证检验其与增长质量的关系,格兰杰因果检验的结果表明,制度变迁提升了增长质量。

李强、魏巍(2015)认为增长质量包含经济结构、科技与创新、民生、资源与环境和对外开放五个维度,在此基础上构建指标体系,采用面板门槛模型对我国 1997—2010 年的省际数据进行回归,研究了用市场化指数表示的制度变迁对经济增长质量的影响。在消除个体效应后,根据所确定的门槛值将中国 30 个省、自治区(西藏除外)、直辖市分为欠发达地区、中等发达地区和发达地区,采用双重门槛模型回归的结果显示,中等发达地区的制度变迁能够显著提升增长质量,而在欠发达地区与发达地区,制度变迁则显著阻碍了经济增长质量的提升。

(二)政府支出对经济增长质量的影响

现有文献从教育支出、基础设施投资、生产性支出、服务性支出和消费性支出等方面分析政府支出对经济增长质量的作用,研究结果表明,教育支出、基础设施投资生产性支出和服务性支出对经济增长质量提升有促进作用,而政府消费性支出降低增长质量。

张苏、唐婧(2010)通过实证分析证明了财政的教育支出并没有促进人力资本的提高,其对经济增长质量的影响是作为政府的一项支出实现的,政府在教育上的财政支出没有起到其本应达到的提高教育质量的作用。

郭晗、任保平(2011)认为基本公共服务均等化提升增长质量的机制有:通过缩小区域差距和城乡差距来提高社会福利水平;政府对教育和基础设施的投资能够改善经济发展环境、提升人力资本。

詹新宇、王素丽(2017)从财政支出的三个方面——生产性、服务性和消费性支出——研究了它们对经济增长质量的影响。实证结果表明,以经济建设为内容的生产性支出和以科研教育、医疗卫生、社会保障、公共安全等为内容的服务性支出能够提升增长质量,而以政府行政管理类支出为内容的消费性支出会降低增长质量。

(三)对外开放对经济增长质量的影响

现有研究主要从国际收支、外商直接投资和出口产品质量等方面研究对外开放对经济增长质量的影响,研究结果表明,外商直接投资和出口产品质量能够提升增长质量,而国际收支失衡会降低经济增长质量。

李娟伟、任保平(2013)认为国际收支变化能够通过改变一国货币存量影响通货膨胀稳定性、通过改变总供求状况影响经济增长稳定性,进而影响增长质量。实证分析结果表明,经常项目收支失衡与经济增长稳定性具有显著的负相关关系,而经济增长波动会进一步引起通胀波动;资本项目收支失衡与通胀稳定性具有负相关关系,而通胀波动的正滞后效应会引起其波动幅度的加剧。基于上述两种效应,国际收支失衡与增长质量具有显著的负相关关系。

随洪光、刘廷华(2014)从增长效率、稳定性和可持续性三个方面构建经济增长质量指标,并对外商直接投资对经济增长质量的影响进行了研究。实证结果表明,外资引入能够提高经济增长效率与增长的可持续性,而对增长的稳定性没有显著影响;总体来看,外商直接投资能够显著提升经济增长质量。

李艳、刘国歌(2017)认为增长质量包含经济增长、质量结构、人民生活和发展潜力等内容,并在此基础上构建指标体系,研究了出口产品质量如何影响经济增长质量。结果表明,出口产品质量对经济增长的影响并不显著,而对经济质量结构、人民生活水平和经济发展潜力具有显著的正向影响；总体来看，出口产品微观质量能够显著提升增长质量。

沈国云（2017）研究了以对外开放程度为门槛变量时汽车产业的外商直接投资对以全要素生产率衡量的经济增长质量的影响。实证结果表明，当对外开放程度不超过 26.445%时，外商直接投资会显著地阻碍经济增长质量的提升，而当对外开放程度超过 26.445%时，外商直接投资对经济增长质量没有显著影响。

（四）经济结构对经济增长质量的影响

现有文献从产业结构、各产业内部结构的变化等方面分析了经济结构如何影响增长质量，结果表明，产业结构升级、各产业内部结构变化等能够提升经济增长质量。

沈利生（2009）分析了产业结构与以增加值率表示的经济增长质量的关系。结果表明通过降低增加值率较低产业所占的比重和增加值率较高产业所占的比重能够提高经济体的增加值率，即能够提升经济增长质量。

钞小静、任保平（2011）认为增长质量在三个方面受到增长结构的影响：首先，经济增长结构通过提升资源配置效率，减少等量产出所需投入，在提高经济效率的基础上提升经济增长质量；其次，经济增长结构优化带来结构性矛盾的削弱能够减弱经济增长数量波动程度，从而提升增长质量；最后，经济增长结构中的城乡二元结构的转化能够提高农业生产率与农民收入，在改善农民福利状况的基础上提升经济增长质量。利用我国 1978—2007 年的数据进行实证检验的结果表明，经济增长结构能够显著提升增长质量。

刘秋生、刘雪娇（2013）利用江苏省 2000—2012 年的数据测算增长质量指数，分析了其与产业结构变动的关系，实证结果表明，农业结构变动、现代服务业结构变动和传统服务业结构变动均能提升增长质量，但其影响大小依次递减。

高艳红、陈德敏、张瑞(2015)利用我国21个省、自治区、直辖市2005—2012年的数据对再生资源产业影响经济增长质量的方式进行了检验,结果表明,再生资源产业工业产值与工业总产值的比率小于某一特定值时,再生资源产业的发展能够促进经济增长质量的提升,而超过该特定值时,再生资源产业的发展会抑制经济增长质量的提升,并且该特定值的大小会受到所引入控制变量的影响。

(五)金融发展对经济增长质量的影响

现有文献从金融功能、保险业结构和狭义金融结构等方面分析金融发展对经济增长质量的影响,研究结果表明,金融发展所带来的金融功能的完善、保险业市场集中度、直接融资规模等会提升增长质量。

马轶群、史安娜(2012)认为经济增长质量包含增长方式质量、增长过程质量和增长结果质量三个维度,并将金融发展对增长质量的影响从上述三个方面展开。首先,金融发展通过优化资源配置、促进技术创新提升增长方式质量。其次,增长过程包含经济增长的稳定性、协调性和可持续性,金融发展从这三个方面对增长过程质量产生影响:金融发展通过提供资金和信息促进经济稳定增长;在我国金融发展不成熟的情况下,金融发展通过扩大收入差距、降低环境质量对经济增长协调性产生不利影响;现阶段我国的金融发展状况通过抑制消费和投资对经济增长的可持续性产生不利影响。最后,金融发展下金融机构的出现及发展所带来的资金配置功能的增强对经济增长结果质量的提升具有促进作用。利用VAR模型进行实证检验的结果表明,金融发展在短期会降低经济增长的协调性,而在长期则会增强经济增长的协调性、持续性,并且会提升经济增长结果质量。

王博、邵全权(2015)认为保险业结构与经济增长相互影响,通过构建以经济增长的驱动要素、结构、稳定性和福利效应为维度的增长质量指标,研究了以保险市场竞争度和集中度为内容的寿险与财险结构调整对经济增长质量的影响。实证结果表明,寿险市场集中度的提高与竞争度的降低有利于经济增长质量的提升,而经济增长质量的提升会降低寿险市场竞争度、提高其集中度;财险市场集中度的提高与竞争度的降低能够提升增长质量,而增长质量的提升同时会降低财险市场竞争度、提高其集中度。

随洪光、段鹏飞、高慧伟、周瑾(2017)从增长的效率、稳定性和持续性三个维度构建增长质量指数,研究银行资金吸纳功能与资金投放功能对其的影响。实证结果表明,资金吸纳功能中的动员社会资金功能对经济增长质量的提升具有促进作用,而资金吸纳功能中的动员居民储蓄功能对经济增长质量的提升具有阻碍作用;资金投放功能中的投资转化功能与资金配置功能均对经济增长质量的提升具有促进作用。对上述功能影响增长质量渠道检验的结果说明,动员社会资金功能能够显著提升增长质量;动员居民储蓄功能通过减弱经济增长的可持续性对增长质量产生负向影响;投资转化功能通过增强增长的可持续性提升增长质量;资金配置功能通过增长效率、稳定性和可持续性三个途径对增长质量产生正向影响。

(六)创新对经济增长质量的影响

现有文献从技术创新、创新投入、创新人力资本、创新制度、创新驱动和创新能力等方面研究了创新对经济增长质量的影响,研究结果表明,技术创新、创新投入、创新制度、创新驱动和创新能力能够提升增长质量,而创新人力资本与创新投入强度在短期会阻碍经济增长质量的提升,在长期则会提升增长质量。

黄志基、贺灿飞(2013)将全要素生产率作为经济增长质量的测度,并将地区制造业创新投入区分为创新总投入、创新投入强度和创新投入多样化程度三个方面,研究了地区自主创新的投入、投入强度和投入的多样化程度对该地区经济增长质量的影响,实证结果表明,制造业创新总投入、创新投入强度以及创新投入多样化对经济增长质量的提升均具有促进作用。

王竹君(2014)认为自主创新、技术创新带来的生产技术以及生产方式改变和其扩散与引入能够提升增长质量。在此基础上分析技术创新对由任保平等(2012)构建的增长质量指数影响的结果表明,技术创新能够提高经济增长效率、改善福利变化与成果的分配、减少资源利用和生态环境代价以及提高国民经济素质,而其对经济增长结构和经济增长稳定性这两个方面的影响则不显著。

白俊红、王林东(2016)认为增长质量受到创新驱动的影响,创新驱动包含技术创新、产业创新、制度创新和文化创新。技术创新在生产中的应用、扩散和溢出使得劳动更具专用型、促进分工形成,从而提高生产效率,对经济增长质量的提升有正向促进作用;产业创新能够推动产业结构升级并走向高级化,在这一过程中提高资源配置效率,从而提升经济增长质量;制度创新通过适宜的制度设计能够引导要素配置走向合理化、支持新兴产业发展、完善创新体系,从而对经济增长质量的提升发挥积极作用;文化创新在促进一国文化产业发展的同时能够优化产业结构,提升增长质量。在任保平等(2014、2015)研究的基础上,他们通过建立创新驱动能力评价体系,研究了创新驱动与经济增长质量的关系。在不考虑地区内部的空间影响时,中部地区的创新驱动能够促进其增长质量提升;在考虑了地区内部的空间影响时,在东部地区,创新驱动能够显著提升增长质量,而在西部地区,创新驱动则显著抑制了经济增长质量的提升。

(七)人力资本对经济增长质量的影响

人力资本对经济增长质量影响的研究主要从人力资本"均化"水平、教育公平程度、人力资本结构和高等教育层次结构等方面展开。已有研究结果表明,人力资本"均化"水平、教育公平程度、人力资本结构和高等教育层次结构能够促进增长质量提升。

刘海英、赵英才、张纯洪(2004)通过借鉴基尼系数的构建方法量化人力资本“均化”水平的指标，得出人力资本积累与人力资本“均化”水平呈现出相关关系。这种负相关说明了人力资本“均化”水平的增长质量影响机制：低的人力资本“均化”水平对其积累产生不利，从而降低增长质量；反过来，当人力资本“均化”水平提高，其积累增加，则会促进增长质量提升。

张长征、李怀祖（2005）将增长质量表示为用潜在产出法计算出的全要素生产率，分析了以教育基尼系数表示的教育公平程度与经济增长质量的关系，实证结果表明基础教育的普及所带来的教育公平程度的提高会促进增长质量的提高。

彭越、张佳睿（2018）利用彭越（2016）降维得到的经济增长质量指数，对高等教育层次结构对经济增长质量的影响进行了研究，得到高等教育改革 5 个不同阶段下的高等教育结构对增长质量影响的实证分析结果。总体来讲，在不同的阶段，以研究生扩招为代表的高质量人力资本的积累对经济增长质量具有正向的促进作用。

第二章　要素收入分配结构对经济增长质量影响的理论分析

要素收入分配结构优化和经济增长质量水平提升是我国经济社会发展的重要主题。要素收入分配结构是指国民收入在资本要素、劳动要素和政府要素之间的分配比例，显示出国民收入分配最直接、最概括的总体结构状况。经济增长质量是指经济增长内在的性质与规律，从条件层面表现为国民经济的整体素质，从过程层面表现为经济要素的联结关系，从结果层面表现为增长成果的有效性与包容性。本章将探寻国民收入分配中资本要素与劳动要素收入份额变化对经济增长质量的影响方式和作用机理。

第一节　要素收入分配结构影响经济增长质量的作用机制分析

经济增长质量是指经济增长内在的性质与规律，是经济增长的一系列固有特性满足经济发展特定要求的程度，其提高是经济增长数量扩张到一定阶段的背景下，经济增长的条件、过程、结果同时得以改善的产物，主要包含三个方面的内容：从经济增长的条件来看，经济增长质量表现为一个国家长期有效地开发和利用各种资源创造国民财富的基本条件和能力，高质量的经济增长必然要求以高质量的国民经济素质为基础,而国民经济整体素质的基本状况集中反映在人力资本积累、科技创新能力以及政府协调能力等方面;从经济增长的过程来看,经济增长质量表现为经济系统内部各要素之间的联结关系以及要素数量之间的比例关系,合理的经济结构是经济高质量增长的前提,产业结构、消费投资结构、金融结构以及国际收支结构的优化可以有效改变经济增长的动力机制;从经济增长的结果来看,经济增长质量表现为经济增长成果的有效性与包容性,其中有效性是指各种投入转化为产出有效性的高低,而包容性主要指经济增长是否以可持续的方式来使用资源、是否使绝大多数人都分享到增长的成果。改善经济增长效率、降低资源环境代价以及缩小收入分配差距均可以增加经济增长净收益,从而促进经济增长质量的提升。当国民收入分配中资本要素份额偏高而劳动要素份额过低时不仅会通过人力资本投资渠道制约经济增长基础条件的改善,通过消费需求机制影响经济增长的过程,而且也会通过居民收入分配差距机制对经济增长的结果产生影响。

一、要素收入分配结构对经济增长条件的影响：人力资本机制

高质量的经济增长往往以高水平的人力资本为基础条件,当要素收入分配发生不利于劳动要素的变化时会通过影响人力资本投资进而影响经济增长质量的提高,这种影响包含两种效应:一是总量效应。人力资本的整体规模会对经济增长质量产生重要影响,问题在于,当国民收入分配中资本要素份额偏高而劳动要素份额过低时不仅会对劳动者的人力资本投资决策产生负向的激励,而且也会制约其人力资本投资能力,从而导致劳动者不愿也不能进行人力资本投资。盖勒和泽拉(Galor 和 Zeira,1993)、德拉克洛瓦等(De La Croix 等,2004)论证了在资本市场不完善的情况下,低收入劳动者倾向于较少投资于教育,并且无法进行人力资本投资。二是结构效应。高技能劳动作为重要人力资本是推动创新增长的基本要素,接受过高等教育的高技能人力资本对经济增长质量的提升具有显著的促进作用。高技术人力资本在企业的产品—技

术创新活动中扮演着关键角色，而人力资本含量次高的劳动者也在技术进步过程中发挥着重要的支撑作用。阿西莫格鲁（Acemoglu，2010）指出，在资本偏向型技术条件下高工资水平会鼓励技术进步。马赫沃尼和尼尔森（Marouani 和 Nilsson，2014）认为技能偏向性技术进步可在高技能劳动大幅增加的情况下，增加后者的市场需求而不降低其工资溢价。蔡昉、都阳、高文书（2004）发现，我国现有市场体系下，经济中不同的生产部门倾向于用资本替代劳动，使失业增加从而不利于进行人力资本投资，阻碍经济增长质量的提高。陈宇峰、贵斌威、陈启清（2013）通过构建一个包含技术偏向与垄断利润的生产决策模型，说明了国有企业所选择的资本偏向型技术进步是我国劳动收入份额长期过低的原因，垄断利润率则在短期影响劳动收入份额，在我国二元经济转型的基础上，“以资源禀赋”的技术进步使得经济中的就业减少、劳动者工资上升速度缓慢，使劳动收入份额进一步降低。上述分析显示：劳动收入份额降低会通过人力资本总量效应和结构效应影响经济增长质量的提升。

二、要素收入分配结构对经济增长过程的影响：消费需求机制

经济增长的结构是从经济增长的过程上来反映经济增长质量的，均衡的经济增长结构将有助于各构成要素之间的协调发展，优化结构特别是扩大消费需求可以有效改变经济增长的动力机制、对经济增长质量发挥正的贡献。与之相反，如果经济结构失衡，则高质量的经济增长就很难实现。除了人力资本机制之外，要素收入分配结构变化也会通过消费需求机制的两种效应而对经济增长质量产生影响：一是宏观效应。增长理论与经验事实均表明，国民收入在劳动与资本之间的分配结构会影响消费需求，当劳动收入份额过低时意味着资本收入份额较高，由于劳动收入中用于消费的边际倾向远远高于资本收入，因此，劳动收入份额降低会抑制消费需求（Bhaduri 和 Marglin，1990；方福前，2009；邹红、喻开志，2011）。蔡昉、都阳、高文书（2004）发现我国现有市场体系下，经济中不同的生产部门会倾向于用资本替代劳动，使失业增加从而

不利于进行人力资本投资,阻碍经济增长质量的提高。陈宇峰、贵斌威、陈启清(2013)通过构建一个包含技术偏向与垄断利润的生产决策模型,说明了国有企业所选择的资本偏向型技术进步是我国劳动收入份额长期过低的原因,垄断利润率则在短期影响劳动收入份额,在我国二元经济转型的基础上,以"资源禀赋"的技术进步使得经济中的就业减少、劳动者工资上升速度缓慢,使劳动收入份额进一步降低。方福前(2009)运用随机效应模型说明了我国居民人均可支配收入与人均消费支出紧密联系,并说明了劳动收入份额的不断下降是我国居民消费不足的原因。邹红、喻开志(2011)通过建立包含人力资本的经济增长模型,论述了劳动收入份额对消费需求具有正向影响,低的劳动收入份额会导致低的消费需求。进一步,作者采用1990—2008年省际面板数据进行实证分析,说明了低劳动收入份额造成了中国消费增长缓慢。刘盾、施祖麟、袁伦渠(2014)也发现,劳动收入的边际消费倾向高于资本收入,所以其提高对消费将产生扩张效应。二是微观效应。低收入居民以劳动收入为主要收入来源,因此劳动收入分配份额过低将影响其收入水平。根据凯恩斯的绝对收入假说以及相关经验事实,高收入者与低收入者之间的边际消费倾向存在巨大差异,高收入阶层往往偏爱高档消费品,当劳动收入份额过低时会制约低收入阶层的购买力,从而影响消费需求(Murphy、Shleifer 和 Vishny,1989;吴江、周秀帅,2011;高帆、汪亚楠,2016)。上述研究表明:劳动收入份额降低会通过消费需求的宏观效应和微观效应影响经济增长质量。

三、要素收入分配结构对经济增长结果的影响:收入分配机制

经济增长终极价值判断的核心是人的发展,经济增长要实现人的福利最大化不仅涉及居民整体福利水平的改善,而且必须关注社会福利分配的包容性。只有当经济增长的成果能够被绝大多数人所分享时,它才能够实现高质量的增长。经济学研究收入分配有两个层面:一是收入在生产要素之间的分配;二是收入在居民个人之间的分配。要素收入分配与居民收入分配之间存

在着密切的联系，劳动收入份额会通过收入分配机制的两种效应对经济增长质量产生影响：一是单向效应。赵俊康（2006）的研究显示，我国大量资本要素收入所得并未用于生产性投资和社会保险，而是流入消费领域，从而助长了居民收入差距的扩大。郭庆旺、吕冰洋（2012）的研究表明，在国民收入分配中，如果居民收入中劳动要素收入不平等程度低于资本要素，那么劳动收入份额相对于资本收入份额的上升将会缩小居民收入差距。二是交互效应。一方面，当要素收入分配发生不利于劳动要素的变化时，由于劳动要素分配份额过低将导致以劳动收入为主要收入来源的低收入居民的收入水平受到影响，居民收入分配差距扩大；另一方面，当居民收入分配发生不利于低收入者的变化时，由于低收入者收入水平过低将导致其人力资本积累受限，并进一步制约劳动收入份额的提升。上述分析表明：劳动收入份额降低会通过收入分配的单向效应和交互效应制约经济增长质量的提升。

上述逻辑推演可以用图 2—1 表示，国民收入在劳动要素与资本要素之间分配结构的变化会通过人力资本投资、消费需求以及居民收入差距三个层次对经济增长质量产生影响，提高劳动收入份额可以通过鼓励人力资本投资、扩大消费需求、改善收入分配的作用机制有效促进经济增长质量的提升。

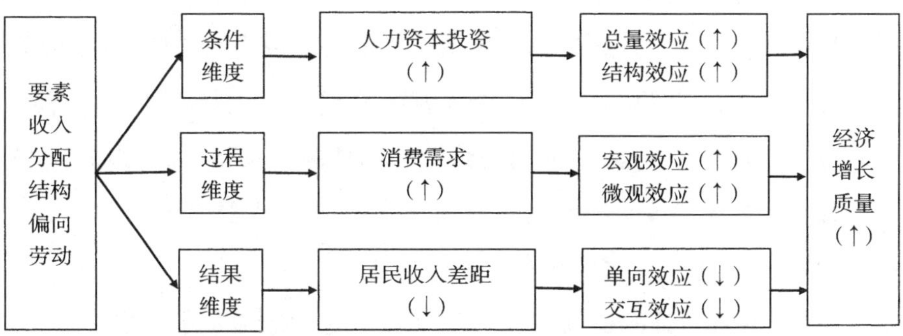

图 2—1　要素收入分配结构对经济增长质量的影响机制及作用方向

第二节　要素收入分配结构影响经济增长质量的数理模型构建

在上述分析基础上，本节通过构建数理模型，将人力资本机制、消费需求机制、收入分配机制纳入同一分析框架，分析要素收入分配结构对经济增长质量的影响。首先，对本章节所使用的消费函数和炫耀性消费倾向作出一些简单说明：全社会总消费是由总基础性消费和总炫耀性消费所构成的。其中，总基础性消费是社会的平均基础性消费与总的劳动力数量的乘积，总炫耀性消费由社会平均炫耀性消费倾向与社会总财富数量的乘积决定，因此消费函数可以表示为：

$$C = aL + b(wL + rK) \tag{2.1}$$

其中，a 表示社会平均基础性消费，b 表示社会平均炫耀性消费倾向，L 和 K 则分别表示社会的总劳动力数量和总资产数量，w 和 r 分别为劳动力与资本的报酬，C 表示总消费。

对(2.1)式进行化简可得：

$$c = a + b(w + rk) \tag{2.2}$$

其中，c 为社会人均消费。k 为人均资本数量。在(2.2)式中，基础性消费由人们的生理因素所决定，是维持人们正常生活水平的消费，即使个体之间存在差异也不会过大。炫耀性消费则由个人的心理因素所决定，其最大的作用是向社会展示自己的财富，因此，个人财富越多，相应的炫耀性消费就越多。在本章节中，假定相同收入群体内部炫耀性消费倾向是相同的，因此，b 值可以表示社会各收入群体间的收入分配差异程度，高收入群体的 b 值大于低收入群体，并且可以通过政府的再分配进行控制。

这一部分主要论证的是：收入分配不平等程度与炫耀性消费倾向呈同方向变动关系。假定社会仅仅存在两种收入群体，L_1 和 K_1 分别表示高收入群体的劳动力数量和资产数量，L_2 和 K_2 分别表示低收入群体的劳动力数量和资产数量。

且 $L=L_1+L_2$，$K=K_1+K_2$ 两收入群体的边际消费倾向分别为 b_1 和 b_2，C_1 和 C_2 分别表示两收入群体消费水平，因此两收入群体的消费函数可以分别表示为：

$$C_1 = aL_1 + b_1(wL_1 + rK_1) \tag{2.3}$$

$$C_2 = aL_2 + b_2(wL_2 + rK_2) \tag{2.4}$$

则总消费 C 可以表示为：

$$\begin{aligned} C &= C_1 + C_2 = aL_1 + b_1(wL_1 + rK_1) + aL_2 + b_2(wL_2 + rK_2) \\ &= aL + b_1(wL_1 + rK_1) + b_2(wL_2 + rK_2) \end{aligned} \tag{2.5}$$

由(2.1)式和(2.5)式可得：

$$b = \frac{b_1(wL_1 + rK_1) + b_2(wL_2 + rK_2)}{wL + rK} \tag{2.6}$$

其中，$b_1>b_2$，容易得出：

$$b_2<b<b_1 \tag{2.7}$$

由(2.6)式可得：

$$\frac{\partial b}{\partial(wL_1 + rK_1)} = \frac{b_1 - b_2}{wL + rK} > 0 \tag{2.8}$$

高收入群体财富水平上升会带来炫耀性消费倾向上升。

$$\frac{\partial b}{\partial(wL_2 + rK_2)} = \frac{b_2 - b_1}{wL + rK} < 0 \tag{2.9}$$

低收入群体财富水平上升会带来炫耀性消费倾向下降。

收入不平等的程度与高收入群体收入占比呈正向关系，后者可以用高收入群体财富占社会总财富水平的比重来表示，令 $Q = \frac{(wL_1 + rK_1)}{wL + rK}$，其表示高收入群体的收入占比，则：

$$\begin{aligned} \frac{\partial b}{\partial Q} &= \frac{\partial b}{\partial(wL_1 + rK_1)} \frac{\partial(wL_1 + rK_1)}{\partial Q} \\ &= \frac{b_1 - b_2}{wL + rK}(wL + rK) = b_1 - b_2 > 0 \end{aligned} \tag{2.10}$$

因此高收入群体收入占比与炫耀性消费倾向呈同方向变动关系，即意味着收入分配的不平等程度与炫耀性消费倾向是同方向变动的。

本节最后将会说明：对于要素收入份额偏向问题的讨论可以转化为对收入分配不平等程度的讨论，后者在前面的论述中可以转化为对炫耀性消费倾向的讨论。因此之后的证明将首先围绕炫耀性消费倾向展开。

一、要素收入分配结构影响经济增长理论模型的消费部门分析

在个体效用分析中，假定效用可以加总，因此社会总效用是个人效用的总和。政府的目标是实现社会总效用的最大化，即实现人均效用的最大化，因此目标函数可以由人均消费效用值的加总来表述，即：

$$U \approx \int_0^{\infty} u[c(t)]\, e^{-\rho t} dt \tag{2.11}$$

其中，ρ 为效用贴现因子。假定 $u[c(t)] = c(t)^{1-\theta}/(1-\theta)$ 为常相对风险回避型效用函数。因此，目标函数可以改写为：

$$U = \int_0^{\infty} \frac{c(t)^{1-\theta}}{1-\theta} e^{-\rho t} dt \tag{2.12}$$

资产的增加是由劳动收入与资产收入之和去除个人的消费得出，因此资产变动的动态约束可以表示为：

$$\frac{dK}{dt} = wL + rK - C \tag{2.13}$$

(2.13)式等价为：

$$\dot{k} = w + (r-n)k - c \tag{2.14}$$

其中，$k = K/L$，$c = C/L$。

因此，对于追求全社会效用最大化这一问题可以利用动态最优化方法进行求解。最优化问题可以表述为：

$$\max U = \int_0^{\infty} u[c(t)]\, e^{\rho t} dt$$

$$\text{s.t.}\begin{cases}\dot{k}=w+rk-c\\ c=a+b(w+rk)\end{cases}$$

上述问题的汉密尔顿(Hamilton)函数可以表示为:

$$H=\frac{c(t)^{1-\theta}}{1-\theta}e^{-\rho t}+v(w+rk-c)+\mu[c-a-b(w+rk)] \tag{2.15}$$

(2.15)式等价为:

$$H=\frac{[a+b(w+rk)]^{1-\theta}}{1-\theta}e^{-\rho t}+v[w+rk-a-b(w+rk)] \tag{2.16}$$

对汉密尔顿函数进行求解,其中,政府可以通过再分配的政策和法律制定对社会各收入群体的经济势力进行调节,从而可以控制社会的平均炫耀性消费倾向 b :

$$\frac{\partial H}{\partial b}=[a+b(w+rk)]^{-\theta}(w+rk)e^{-\rho t}-v(w+rk)=0 \tag{2.17}$$

$$\frac{\partial H}{\partial k}=[a+b(w+rk)]^{-\theta}br\,e^{-\rho t}-v(r-rb)=-\dot{v} \tag{2.18}$$

由(2.17)式可得:

$$[a+b(w+rk)]^{-\theta}e^{-\rho t}=v \tag{2.19}$$

由(2.18)式和(2.19)式可得:

$$-\theta ln[a+b(w+rk)]=-(r-\rho)t \tag{2.20}$$

由(2.20)式可得:

$$\dot{b}=(\frac{r-\rho}{\theta})\left[\frac{a+b(w+rk)}{w+rk}\right] \tag{2.21}$$

为了避免分析的烦琐,本章节仅对其增长率进行分析,由(2.21)式可得:

$$\frac{\dot{b}}{b}=\left(\frac{r-\rho}{\theta}\right)\left[\frac{a+b(w+rk)}{b(w+rk)}\right]=\left(\frac{r-\rho}{\theta}\right)\left[\frac{a}{b(w+rk)}+1\right] \tag{2.22}$$

(2.22)式说明炫耀性消费的变动倾向与基础性消费呈正比,而与倾向本身呈反比。这是易于理解的,因为基础性消费的增加意味着社会整体的生活质量是提升的，这也就意味着政府对于向较为富有的群体进行征税或是使用其他手段对较低收入群体进行转移支付的意愿较低，因为低收入群体的消费是在增加的，因此不需要政府进一步进行补助。而炫耀性消费倾向的增加意味着整体收入分配差距的加大，由于不同收入群体之间存在着相互对比的倾向，因此，较低收入群体会对此时的社会现实不满，而作为理性人的政府自然应该加大收入再分配的力度，减缓收入分配的差距，从而获取低收入群体的支持，并维持社会的稳定。

由(2.2)式，人均消费变动可以表示为：

$$\dot{c} = \dot{b}(w + rk) + br\dot{k} = \left(\frac{r-\rho}{\theta}\right)[a + b(w + rk)] + br[w + rk - a - b(w + rk)] \qquad (2.23)$$

(2.23)式说明人均消费的变动一方面与收入分配的变动相关，这是因为收入分配的程度将会决定人均总消费的大小，而这正是由于不同收入群体固定的炫耀性消费偏好所决定的。因此国民收入再分配程度也将会影响人均消费变动程度。另一方面人均消费的变动是与人均资本的变动有关的，这是因为人均资本在某种程度上也可以被视为人均资产拥有量，因此人均消费的变动程度与人均资产拥有量的变动有关，而后者是由国民的劳动和资产的总收入与消费的差值所决定的。简而言之，人均消费的变动是与人们所拥有财产的变动和由人们的财产拥有量所引致的炫耀性消费的变动所决定的。

因此，人均消费的变动率可以表示为：

$$\frac{\dot{c}}{c} = \left(\frac{r-\rho}{\theta}\right) + \frac{br(w + rk)}{c} - br \qquad (2.24)$$

由(2.24)式，消费变动率可以表示为：

$$\frac{\dot{C}}{C} = \frac{\dot{c}}{c} + n = \left(\frac{r-\rho}{\theta}\right) + \frac{br(w + rk)}{c} + n - br \qquad (2.25)$$

二、要素收入分配结构影响经济增长理论模型的生产部门分析

本节借鉴宇泽弘文(Uzawa,1965)和卢卡斯(Lucas,1988)模型,并在其基础上引入本节对欧拉定理的修正,从而完成对生产部门的分析:

$$Y = C + \dot{K} + \delta K = A K^{\alpha} (\sigma H)^{1-\alpha} \tag{2.26}$$

$$\dot{H} + \delta H = B(1 - \sigma) H \tag{2.27}$$

其中,δ 和 σ 分别为物质资本和人力资本的折旧率,α 为物质资本产出弹性。

令 $\varphi = \frac{K}{H}$,$\xi = \frac{C}{H}$

由(2.26)式可得:

$$\dot{K} = A K^{\alpha} (\sigma H)^{1-\alpha} - C - \delta K \tag{2.28}$$

由(2.28)式,物质资本的变动率可以表示为:

$$\frac{\dot{K}}{K} = A K^{\alpha-1} (\sigma H)^{1-\alpha} - \frac{C}{K} - \delta = A \sigma^{1-\alpha} \varphi^{\alpha-1} - \xi - \delta \tag{2.29}$$

由(2.27)式可得,人力资本的变动率可以表示为:

$$\frac{\dot{H}}{H} = B(1 - \sigma) - \delta \tag{2.30}$$

由(2.29)式和(2.30)式可得:

$$\frac{\dot{\omega}}{\omega} = \frac{\dot{K}}{K} - \frac{\dot{H}}{H} = A \sigma^{1-\alpha} \varphi^{\alpha-1} - \zeta - \delta - [B(1 - \sigma) - \delta]$$

$$= A \sigma^{1-\alpha} \varphi^{\alpha-1} - \zeta - B(1 - \sigma) \tag{2.31}$$

由(2.26)式可得:

$$\frac{\partial Y}{\partial K} = \alpha A K^{\alpha-1}(\sigma H)^{1-\alpha} = \alpha A \sigma^{1-\alpha} \varphi^{\alpha-1} \tag{2.32}$$

$$r = \frac{\partial Y}{\partial K} - \delta = \alpha A\,\sigma^{1-\alpha}\,\varphi^{\alpha-1} - \delta \tag{2.33}$$

将(2.33)式代入(2.25)式中可得：

$$\frac{\dot{C}}{C} = (\frac{\alpha A\,\sigma^{1-\alpha}\,\varphi^{\alpha-1} - \delta - \rho}{\theta}) + \frac{br[w + (\alpha A\,\sigma^{1-\alpha}\,\varphi^{\alpha-1} - \delta)k]}{c} + n - b(\alpha A\,\sigma^{1-\alpha}\,\varphi^{\alpha-1} - \delta) \tag{2.34}$$

由(2.34)式可得：

$$\begin{aligned}\frac{\dot{\zeta}}{\zeta} &= \frac{\dot{C}}{C} - \frac{\dot{K}}{K}\\ &= \left(\frac{\alpha A\,\sigma^{1-\alpha}\,\varphi^{\alpha-1} - \delta - \rho}{\theta}\right) + \left\{\frac{br[w + (\alpha A\,\sigma^{1-\alpha}\,\varphi^{\alpha-1} - \delta)\,k]}{c}\right\} +\\ &\quad n - b(\alpha A\,\sigma^{1-\alpha}\,\varphi^{\alpha-1} - \delta) - (A\,\sigma^{1-\alpha}\,\varphi^{\alpha-1} - \zeta - \delta)\\ &= (\frac{\alpha A\,\sigma^{1-\alpha}\,\varphi^{\alpha-1} - \delta - \rho}{\theta}) + \frac{br[w + (\alpha A\,\sigma^{1-\alpha}\,\varphi^{\alpha-1} - \delta)k]}{c} +\\ &\quad n - (b+1)(\alpha A\,\sigma^{1-\alpha}\,\varphi^{\alpha-1}) + (b+1)\delta + \zeta\end{aligned} \tag{2.35}$$

构造汉密尔顿函数：

$$J = U(C)\,e^{-\rho t} + \upsilon[A\,K^{\alpha}(\sigma H)^{1-\alpha} - C - \delta K] + \mu[B(1-\sigma)H - \delta H] \tag{2.36}$$

由(2.36)式进行求解可得：

$$\frac{\partial J}{\partial C} = 0 \text{ 即 } U'(C)\,e^{-\rho t} - \upsilon = 0 \tag{2.37}$$

$$\frac{\partial J}{\partial u} = 0 \text{ 即 } \upsilon(1-\alpha)A\,K^{\alpha}\,\sigma^{-\alpha}\,H^{1-\alpha} - \mu BH = 0 \tag{2.38}$$

$$\frac{\partial J}{\partial K} = -\dot{\upsilon} \text{ 即 } \upsilon[\alpha A\,K^{\alpha-1}(\sigma H)^{1-\alpha} - \delta] = -\dot{\upsilon} \tag{2.39}$$

$$\frac{\partial J}{\partial H} = -\dot{\mu} \text{ 即 } \frac{\dot{\mu}}{\mu} = -\frac{v}{\mu}A(1-\alpha)\varphi^{\alpha}\sigma^{1-\alpha} - B(1-\sigma) + \delta \tag{2.40}$$

由(2.37)式和(2.38)式可得：

$$\mu/v = (A/B)(1-\alpha)\varphi^{\alpha}\sigma^{-\alpha} \tag{2.41}$$

由(2.39)式可得：

$$\frac{\dot{v}}{v} = -\alpha A K^{\alpha-1}(\sigma H)^{1-\alpha} + \delta \tag{2.42}$$

由(2.40)式、(2.41)式和(2.42)式可得：

$$\frac{\dot{\mu}}{\mu} - \frac{\dot{v}}{v} = -\alpha\left(\frac{\dot{\sigma}}{\sigma}\right) + \alpha\left(\frac{\dot{\varphi}}{\varphi}\right) \tag{2.43}$$

由(2.43)式可得：

$$\frac{\dot{\sigma}}{\sigma} = -\frac{1}{\alpha}\left(\frac{\dot{\mu}}{\mu} - \frac{\dot{v}}{v}\right) + \left(\frac{\dot{\varphi}}{\varphi}\right) = \frac{B(1-\alpha)}{\alpha} + B\sigma - \zeta \tag{2.44}$$

三、要素收入分配结构影响经济增长理论模型的均衡分析

由上文中的论述可以得知 σ 、α 以及 ζ 存在相互关系。这种关系可以表述为如下非线性常微分方程组：

$$\frac{\dot{\sigma}}{\sigma} = \frac{B(1-\alpha)}{\alpha} + B\sigma - \zeta$$

$$\frac{\dot{\varphi}}{\varphi} = A\sigma^{1-\alpha}\varphi^{\alpha-1} - \zeta - B(1-\sigma)$$

$$\frac{\dot{\zeta}}{\zeta} = \left(\frac{\alpha A\sigma^{1-\alpha}\varphi^{\alpha-1} - \delta - \rho}{\theta}\right) + \frac{br[w + (\alpha A\sigma^{1-\alpha}\varphi^{\alpha-1} - \delta)k]}{c} + n - (b+1)(\alpha A\sigma^{1-\alpha}\varphi^{\alpha-1}) + (b+1)\delta + \zeta$$

令 $\frac{\dot{\sigma}}{\sigma} = \frac{\dot{\varphi}}{\varphi} = \frac{\dot{\zeta}}{\zeta} = 0$，即可以获得均衡点。

容易得知在均衡点处：$\alpha A\sigma^{1-\alpha}\varphi^{\alpha-1}=B$，即均衡增长路径（BGP）需要满足 $\alpha A\sigma^{1-\alpha}\varphi^{\alpha-1}=B$ 这一条件。

因此在稳态中，利率可以表示为：

$$r^{*}=\alpha A\sigma^{1-\alpha}\varphi^{\alpha-1}-\delta=B-\delta \tag{2.45}$$

则消费和人力资本的增长率可以表示为：

$$\gamma^{*}=(\frac{B-\delta-\rho}{\theta})+\frac{br[w+(B-\delta)k]}{c}+n-b(B-\delta) \tag{2.46}$$

假定人均基础性消费较小，则由（2.46）式可得：

$$\frac{\partial\gamma^{*}}{\partial b}<0 \tag{2.47}$$

因此可以得出结论：炫耀性消费倾向的提升有利于人力资本投资，并且有助于刺激消费需求。

最后本节将证明要素收入分配偏向劳动可以缩小收入分配差距。劳动收入份额可以表示为：

$$LIS=\frac{wL_1+wL_2}{wL+rK} \tag{2.48}$$

假定低收入群体资本性收入的变化幅度较小（即低收入群体的储蓄仅仅是为了平滑其一生的消费效用），则高收入群体收入占比可以表示为：

$$Q=\frac{wL_1+rK_1}{wL+rK}=\frac{wL_1+wL+rK-wL_1-wL_2-rK_2}{wL+rK}$$

$$\approx\frac{wL+rK-wL_2}{wL+rK} \tag{2.49}$$

在社会的总收入保持不变，并且社会中劳动收入的提升都是由低收入群体的努力所带来的情况下：

$$\frac{\partial G}{\partial L_2}=\frac{w}{wL+rK},\ \frac{\partial Q}{\partial L_2}=-\frac{w}{wL+rK}$$

因此：

$$\frac{\partial Q}{\partial LIS}=\frac{\partial Q}{\partial L_2}\frac{\partial L_2}{\partial LIS}<0 \tag{2.50}$$

即劳动收入份额提升可以减少高收入阶层收入占比,即意味着劳动收入份额提升可以缩小收入分配差距。

经济增长质量 QEG 可以视为包括居民收入分配差距 Q 、人力资本增长率 γ_H^* 以及消费需求增长率 γ_C^* 在内众多变量所构成的函数,奇函数 f 可以具体表示为:

$$QEG=f(Q,\gamma_H^*,\gamma_C^*)=f(Q,\gamma^*) \tag{2.51}$$

其中,$f_Q<0,f_{\gamma *}>0$。

由(2.50)式和(2.51)式可知:

$$\frac{\partial QEG}{\partial Q}\frac{\partial Q}{\partial LIS}>0 \tag{2.52}$$

因此可得命题1:

命题1:要素收入分配结构偏向劳动要素有利于缩小居民收入分配差距,从而有助于改善经济增长质量。

由(2.10)式、(2.50)式和(2.52)式可得:

$$\frac{\partial QEG}{\partial \gamma^*}\frac{\partial \gamma^*}{\partial LIS}>0 \tag{2.53}$$

由(2.53)式可得命题2与命题3:

命题2:要素收入分配结构偏向劳动要素有利于人力资本投资,从而有助于改善经济增长质量。

命题3:要素收入分配结构偏向劳动要素有利于刺激消费需求,从而有助于改善经济增长质量。

综上所述,国民收入在劳动要素和资本要素间分配结构的变化会通过人力资本机制、消费需求机制、收入分配机制三个层次对经济增长质量产生影响。要素收入分配结构向劳动要素的偏移有利于鼓励人力资本投资、扩大消费需求、改善收入分配,从而有助于改善经济增长质量。

第三章　我国要素收入分配结构的测算

第一节　要素收入分配结构测算的相关研究

劳动要素收入(劳动者报酬)、资本要素收入(资本所得)和政府要素收入(政府对生产环节直接征取的税赋)作为初次分配格局中的三大要素收入,其比例关系反映了经济体的基本特征。早期的增长理论认为要素收入份额保持不变是一个"卡尔多典型事实",而近期研究发现至少在20世纪中后期,要素收入份额不变是一个常数。布兰卡德(Blanchard,1997)发现德国、法国、意大利、西班牙等国家在80年代开始呈现劳动收入份额下降、资本收入份额上升的趋势。哈里森(Harrioson,2005)①通过研究1960—1997年多个国家的劳动收入份额发现,劳动收入份额在穷国下降,在富国上升。因此,深入系统研究要素收入分配规律,有助于找出新常态下国民收入分配格局变动的根源及其解决途径,为优化收入分配结构、转变经济发展方式寻找可行途径,对研究经济当前的形势和未来走势具有非常现实的意义。

要素收入份额不变的"典型事实"是否成立成为国内外学者共同关注的焦点。国内学者对我国要素收入份额的测算也进行了大量研究,从既有的关

① Harrison,A.E.,"Has Globalization Eroded Labors Share? Some Cross-Country Evidence", *UC Berkeley and NBER*,2005,pp.1-49.

于初次分配格局中要素收入分配的研究文献来看，中国要素收入份额中劳动收入份额偏低、资本收入份额较高已得到广泛认可。但关于劳动收入份额的变化趋势，呈现两种观点：一种观点认为劳动收入份额呈下降趋势。持这种观点的有李稻葵、白重恩、李琦、吕冰洋、吕光明等。李稻葵等（2009）用劳动者报酬除以总 GDP 表示劳动收入份额，测算结果表明中国劳动收入份额呈下降趋势，由 1990 年的 53%下降到 2006 年的 40%左右。白重恩等（2009）用全国劳动报酬除以净 GDP 的比例来表示劳动份额，测算结果发现劳动收入份额由 1995 年的 59. 7%下降到 2006 年的 47. 3%。李琦（2012）将个体业主混合收入进行重新推算，并估计了劳动者报酬份额，测算出的劳动者收入份额在 1995 年以后呈现下降趋势。吕冰洋和郭庆旺（2012）认为中国要素收入分配应分为税前和税后两种情况，测算结果显示：1983 年后，税前和税后劳动收入份额呈长期下降趋势；而资本收入份额在 1983 年至 1994 年间呈上升趋势，之后上升趋势变缓。吕光明（2015）利用最新的资金流量表，结合劳动报酬口径的两次变动进行调整，调整结果表明劳动者报酬在 1992 年至 2012 年间先是平稳变动而后不断下降，由 1992 年的 57. 53%下降至 2011 年的 46. 81%。另一种观点认为劳动收入份额并不总是呈下降趋势。张车伟（2010）利用省际收入法数据并且剔除了自雇者收入，测算出劳动收入份额基本保持稳定，最高值为 1995 年的 45. 69%，最低值为 2007 年的 39. 16%。章上峰、许冰（2010）利用时变弹性生产函数的方法测度劳动者报酬比重，测算结果表明中国劳动者报酬比重从 1978 年到 2008 年呈现先上升后下降的趋势，由 1978 年的 48. 47%上升到 1996 年的 52. 34%，最后下降到 2008 年的 42. 31%。徐蔼婷（2014）将未观测的经济考虑进来，利用两系统平行测算法测算全国和各地区的劳动收入份额，测算结果表明全国层面和各地区层面的劳动收入份额基本维持在 50%以上，波动范围处于 50. 44%—56. 29%之间。

当前研究结论不一致的原因主要有：第一，测算要素收入分配的数据来源不统一。尽管学者们通常采用资金流量表和省际收入法 GDP 测算要素收入份额，但由于核算资料本身的不断更新、完善，使得核算资料更新前后的测算结果存在较大差异。例如 2012 年的统计年鉴整理汇总了 2000 年至 2009 年的资金流量表数据，与未更新的资金流量表数据之间存在明显差异。第二，统计口径不一致。我国要素收入份额核算口径曾有过两次重大调整，导致调整前后的指标数值不能直接对比。并且因其涉及个体经营业主混合收入的划分和国有农场营业盈余的估算，难以形成统一的结果。第三，测算方法不一致。一是根据现有数据进行直接测算，这种思路的测算结果能够较好地反映指标的波动特征，但受限于现有数据本身的准确性。二是基于普查年份和非普查年份的相关数据进行直线外推，这种思路的测算结果能够有效避免现有数据本身的缺陷，但受限于样本数据的数量和外推方法。

基于以上原因，本节拟从核算资料的来源、初次分配中要素收入指标的核算口径、测算方法的可靠性等三个方面系统剖析我国要素收入测算中的数据质量问题，深入探讨其中的影响机制及必要的规避办法。与现有文献相比，本节的主要创新是：依据资金流量表和省际收入法的最新修订资料充分考虑中国要素收入指标口径的两次重大调整。结合中国特有的城乡二元结构，将核算口径中的个体经营业主混合收入进行重新划分，并利用现有数据重新估算国有农场营业盈余。在此基础上，从全国和区域两个维度测算了 1992 年至 2015 年的要素收入份额。

第二节　我国要素收入分配结构测算的数据质量与核算口径调整

尽管不少学者围绕如何准确测算要素收入份额进行了较为系统的探索和研究，但未达到完全一致的探索和研究。其中主要的争议集中于核算口径的问题上,中国要素收入份额的核算口径发生过两次重大调整。第一次发生是在 2004 年第一次全国经济普查后的数据修订中,具体内容是:第一,把个体经营业主的混合收入统一计入营业盈余;第二,由于国有和集体农场的财务资料难以收集,不再单独计算营业盈余,而将其列入劳动者报酬中。第二次发生是在 2008 年第二次全国经济普查后的数据修订中,具体内容是:将个体经营业主的混合收入计入劳动者报酬中。因而准确测算要素收入份额的关键性问题在于以下两点:第一,在劳动与资本之间划分混合收入,得到个体经营业主劳动报酬部分和资本报酬部分(即个体经营业主营业盈余);第二,测算国有农场的营业盈余,将其重新归于营业盈余中。

一、要素收入分配结构测算的数据来源

从国内主流研究看,测算要素收入份额所用到的数据通常取自以下三类基础资料:一是资金流量表实物部分交易部分;二是省际收入法 GDP 核算数据;三是投入产出表数据。三类基础资料存在以下差别:第一,编制对象不同。资金流量表和投入产出表详细给出全国层面的数据,而省际收入法仅提供各省份的数据。第二,编制内容有差异。资金流量表详细介绍了 14 种交易项目,其中的增加值、劳动者报酬以及生产税净额是测算劳动、资本和政府收入的直接来源。省际收入法仅包含各地区增加值、劳动者报酬、营业盈余、固定资产折旧和生产税净额这五项指标。而投入产出表给出的是国民经济各部门之间的投入产出关系,适用于测算全国和各行业间的要素收入份额。第三,编制时间不同。资金流量表和省际收入法提供的是连续数据,即每年都有编制;而投入产出表提供的是间断数据,即仅在 0、2、5、7 年份进行编制。本书研究的对象是全国层面的要素收入份额和地区层面的要素收入份额。由于资金流量表的数据质量要高于省际收入法 GDP 数据,已经得到大多数学者的认可,所以本书利用资金流量表的数据测算全国要素收入份额。鉴于仅有省际收入法提供区域数据,所以本书利用省际收入法 GDP 测算地区要

素收入份额。

二、要素收入分配结构的测算方法

截至目前,学者们测算要素收入分配的方式有两种。一种观点是将要素收入分为劳动要素收入和资本要素收入,这种观点侧重于要素收入分配的创造问题,其分配方式通常的计算方法有要素成本增加值法和毛增加值法。另一种观点是将要素收入分为劳动要素收入、资本要素收入和政府要素收入,这种观点更侧重于测算要素所有者所得到的真实收入水平。我们认为,政府在要素收入分配中占据着不容忽视的作用。原因有两点:第一,不论是初次收入分配还是再收入分配,税收都具有一定的分配份额,而税收真正的归属者是政府。第二,在国民收入初次分配时,政府对市场具有一定的调节作用,政府收入分配恰能显示政府对市场的干预程度。因此本书采用三要素的要素收入分配方式。测算份额的具体公式为:

$$\text{劳动收入分配份额}=\frac{\text{劳动者报酬}}{\text{国内生产总值}} \tag{3.1}$$

$$\text{资本收入分配份额}=\frac{(\text{国内生产总值}-\text{生产税净额}-\text{劳动者报酬})}{\text{国内生产总值}} \tag{3.2}$$

$$\text{政府收入分配份额}=\frac{\text{生产税净额}}{\text{国内生产总值}} \tag{3.3}$$

三、个体经济业主混合收入处理方法

作为发展中国家,中国的自雇者数量庞大,是否划分自雇者的混合收入对要素收入份额影响很大。个体经营业主作为通常意义下的自我雇佣者,其劳动者报酬和经济利润很难区分,因而统计指标上将其作为混合收入处理。正确测算中国要素收入份额,必须先将个体经营业主的混合收入在资本和劳动之间划分。约翰逊(Johnson)利用经验比例法,将自雇者的收入划分为两部分,其中 2/3 划归为劳动性收入,1/3 划归为资本性收入,这种方法得到了广泛的接受。张车伟、张士斌(2010)采用此方法对中国个体经营业主的混合收入进行测算。白重恩、钱震杰(2009)对2004年个体经营业主营业盈余提出了一种计算方法,用历年个体就业人数乘以2004年个体经济人均营业盈余来推算各年份个体经济营业盈余,并间接测算个体经营业主劳动者报酬。吕冰洋(2012)在测算个体经营业主的收入和营业盈余时提出两个假设:一是假定各省个体经营业主平均劳动者报酬等于各省平均货币工资;二是假定个体业户创造营业盈余的能力与其他从业人员相同,并基于这两个假定测算出全国和地区两个维度的要素收入份额。本书分析比较了以上几种方法,从理论上讲,约翰逊的经验比较法虽然操作简便,但是基于研究对象是美国以往的数据,是否适用于中国仍有待研究。而白重恩、钱震杰的生产函数法虽然能推算出个体经济的营业盈余,但这种方法忽略了个体经济内部结构和劳动生产率变化对营业盈余的影响。吕冰洋的两个假定能够直接测算个体经营业主劳动者报酬和营业盈余,但忽略了个体经营业主本身的性质,即个体经营业主作为以生存为目的的群体,其大多以劳动收入为主,所以创造剩余价值的能力与其他从业人员不同。

在中国,个体经营业主超过半数为生存型创业,而不是机会型创业,所以个体经营业主的劳动者报酬相对较高。同时,中国具有典型的二元制特征,劳动力市场分割严重,城乡劳动生产率各不相同。鉴于以上各种方法的优缺点和中国现实情况,本书利用已有数据直接测算,用城乡居民工资性收入分别替代城乡个体经营业主的劳动者报酬;用城乡居民人均总收入替代个体经营业主收入。基于以上的现有数据计算个体经营业主劳动报酬和总收入,间接推算个体经营业主的营业盈余。具体思路是将个体经营业主劳动者报酬表示为城镇居民及乡村居民个体经营业主劳动者报酬之和,其中,城镇及乡村居民的个体经营业主劳动者报酬用人均工资性收入乘以个体就业人数表示;相应地,个体经营业主总收入则表示为城镇居民及乡村居民个体经营业主收入之和,城镇及乡村居民的个体经营业主收入之和分别用人均总收入乘以个体就业人数表示。

$$个体经营业主劳动者报酬=农村个体就业人数×农村居民工资性收入+城镇个体数×城镇居民工资性收入 \quad (3.4)$$

$$个体经营业主总收入=农村个体就业人数×农村居民人均总收入+城镇就业人数×城镇居民人均总收入 \quad (3.5)$$

由上述两公式可以得到个体经营业主的营业盈余，即：

$$个体经营业主营业盈余=个体经营业主总收入-个体经营业主劳动者报酬 \quad (3.6)$$

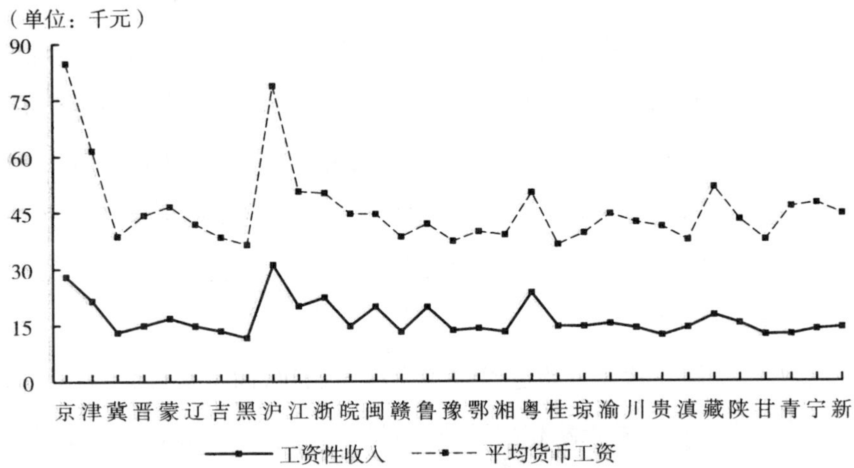

图 3—1　2012 年各地区工资性收入和平均货币工资

尽管工资性收入和劳动者报酬在统计口径上有所区别，但是由于劳动者报酬数据无法获取，因此现有研究大多选择利用工资性收入或是平均货币工资替代劳动者报酬。根据图 3—1，比较工资性收入和平均货币工资可以发现平均货币工资普遍比工资性收入高。以 2012 年各省份为例，各地区 2012 年的城镇平均货币工资普遍高于城镇工资性收入。2012 年的北京市平均货币工资为 84742 元，而工资性收入为 27961.78 元，两者相差 56780.22 元。一般情况下，工资性收入是指就业人员通过各种途径得到的全部劳动报酬，包括所从事的主要职业的工资以及从事第二职业、其他兼职和零星劳动得到的其他劳动收入。平均货币工资是指企业、事业、机关单位的职工在一定时期内平均每人所得的货币工资总额。劳动者报酬是指劳动者从事生产活动所应得的全部报酬,包括劳动者应得的工资、奖金和津贴,既有货币形式的,也有实物形式的,还有劳动者所享受的公费医疗和医药卫生费、上下班交通补贴和单位为职工缴纳的社会保险费等。由此可见,个体经营业主不同于企业、事业、机关单位的职工,因而使用平均货币工资计算个体经营业主的劳动者报酬存在一定的不合理性。同时,考虑到城乡工资性收入的易得性,我们采用人均工资性收入代替劳动者报酬。

四、国有农场营业盈余处理方法

由于2004年后国有和集体农场营业盈余不再单独核算,而是直接计入劳动者报酬,所以需要测算国有农场的营业盈余。吕冰洋和郭庆旺(2012)在测算各省国有农场营业盈余时引入两个假设。一是假设各省国有农场产值占全国国有农场产值的比例与各省农业产值占全国总农业产值比例相等;二是国有农场创造的营业盈余能力与整体经济相等。这两个假设稍强些,推算出来的数据都是基于已有的数据资料,因而能被广泛接受。但是在测算要素收入分配的比例时,若将国有农场营业盈余的比例等于全国营业盈余的比例,则忽略了国有农场内部结构对营业盈余的影响。李琦(2012)在测算国有农场营业盈余时,假定在1993—2003年间,历年未调整地区第一产业的营业盈余全部来自国营及集体农场,并且已调整地区的营业盈余占第一产业增加值的比例与未调整地区相同,据此推算1993—2003年间已调整地区的营业盈余。2004—2007年的国营及集体农场营业盈余,按照2003年未调整地区的营业盈余占第一产业增加值的比例进行推算。这个方法很巧妙地利用营业盈余自身,推算出的值会随着2003年营业盈余值的大小而波动。通过对以往文献的研究,我们在推测中国整体层面的国有农场营业盈余时,用国有农场总人数乘以国有单位平均工资推算出历年的国有农场劳动者报酬。再用国有农场总产值减去国有农场劳动者报酬求得国有农场营业盈余。之所以不考虑政府性收入,是因为国有农场实行税费改革,与农村地区同步取消农业税。具体公式是:

$$\text{国有农场劳动者报酬}=\text{国有农场总人数}\times\text{国有单位平均工资} \tag{3.7}$$

$$\text{国有农场营业盈余}=\text{国有农场总产值}-\text{国有农场劳动者报酬} \tag{3.8}$$

值得一提的是,在测算地区层面的国有农场营业盈余时,我们曾假设各省农、林、牧、渔业人数比等于各省国有农场人数比来推测各省国有农场劳动者报酬,然后用各省国有农场产值减去各省国有农场劳动者报酬得到各省营业盈余,但得出的结果不尽如人意。其推算出来的值中黑龙江和新疆的国有农场劳动者报酬的估计值大于它们的国有农场总产值。这与现实不符,其可能的原因是各个地区政策的不一致,使各个地区划分的国有农场的数量和该地区农、林、牧、渔业数量比例并不相同,最终导致国有农场从业人数比例与各地区农、林、牧、渔业人数比例不同。这个假设不合理,所以在测算地区层面的国有农场营业盈余时,本书借鉴吕冰洋和郭庆旺的做法计算各省国有农场的营业盈余。具体公式如下:

$$\text{各省国有农场的营业盈余}=\left[\text{全国国有农场产值}\times\left(\frac{\text{各省农、林、牧、渔业产值}}{\text{全国农、林、牧、渔业产值}}\right)\right]\times\frac{\text{各省营业盈余}}{\text{各省生产总值}} \tag{3.9}$$

第三节　我国整体要素收入分配结构的测算

基于上述核算口径的分析,本节对全国要素收入份额进行重新测算,基础数据为最新修订的资金流量表资料,相关数据主要源于《中国国内生产总值核算历史资料(1952—2004)》《中国统计年鉴》。

一、个体经营业主混合收入和国有农场营业盈余的测算

我们依据(3.4)式和(3.5)式将全国个体经营业主混合收入进行划分。值得注意的是,《中国经济普查年鉴》和《中国统计年鉴》所显示的个体就业人数数据并不一致。《中国经济普查年鉴》中,2004年和2008年的个体就业人数分别为9422.4万人和8195.4万人,比《中国统计年鉴》对应年份个体就业人数数值多出4835.3万人和2419万人,差距非常明显。虽然选用《中国统计年鉴》的数据会导致个体总收入偏低,影响要素收入份额比例的测算,但是基于《中国经济普查年鉴》数据偏少,以此推算出的数据说服力不强,因此本书仍然采用《中国统计年鉴》中的数据测算全国个体经营业主劳动者报酬和营业盈余。从测算结果来看,个体经济业主总收入、劳动性收入和资本性收入呈逐年增长趋势。总收入在1992年仅为286亿元,1995年突破1000亿元,2010年突破10000亿元,到2014年上升至23968亿元。个体经营业主劳动性收入和资本性收入都有一定的增长。劳动性收入呈大幅度增长趋势,由1992年的121亿元增长到2014年的14057亿元;资本性收入也由1992年的164亿元增长到2014年的9911亿元。在份额方面,劳动收入份额与资本收入份额都有相应的变化。1996年以前劳动收入份额小于资本收入份额。1992年的劳动收入份额是0.42,资本收入份额为0.57。不过在2002年以后劳动收入份额均在0.58以上,最高的时候为2007年的0.64。总体上说,劳动收入份额呈现先递增后平稳的趋势,而资本收入份额呈现先递减后平稳的趋势。

国有农场营业盈余利用(3.7)式和(3.8)式进行测算,测算结果显示国有农场总产值、劳动者报酬和营业盈余均有所增长。国有农场营业盈余份额逐年增加。国有农场劳动者报酬虽然在增长,但份额逐年减少。这主要是因为技术进步引起的机械化操作替代了手工作业,劳动生产率得到大幅度提高,需要的劳动力数量明显减少。

表 3—1　1992—2015 年调整前后的要素收入分配具体值

（单位:百亿元）

年份	调整前要素分配值				调整后要素分配值			
	国内生产总值	劳动者报酬	生产税净额	资本性收入	国内生产总值	劳动者报酬	生产税净额	资本性收入
1992	269. 2	147. 0	39. 1	82. 2	269. 2	145. 3	39. 1	84. 8
1993	353. 3	181. 7	55. 2	116. 4	353. 3	179. 5	55. 2	118. 6
1994	481. 7	252. 1	74. 9	154. 7	481. 7	248. 3	74. 9	158. 4
1995	607. 9	320. 9	85. 0	202. 1	607. 9	315. 1	85. 0	207. 8
1996	711. 8	370. 9	107. 0	233. 9	711. 8	363. 4	107. 0	241. 4
1997	789. 7	418. 7	123. 1	247. 9	789. 7	410. 4	123. 1	256. 3
1998	844. 0	443. 4	138. 5	262. 2	844. 0	433. 5	138. 5	272. 0
1999	896. 8	471. 8	146. 0	279. 0	896. 8	461. 2	146. 0	289. 6
2000	992. 1	523. 0	119. 8	349. 4	992. 1	513. 7	119. 8	358. 7
2001	1096. 6	576. 0	129. 7	390. 9	1096. 6	566. 4	129. 7	400. 5
2002	1203. 3	645. 8	147. 6	409. 9	1203. 3	636. 2	147. 6	419. 5
2003	1358. 2	718. 3	175. 2	464. 8	1358. 2	708. 1	175. 2	474. 9
2004	1598. 8	810. 7	206. 1	582. 0	1598. 8	828. 6	206. 1	564. 1
2005	1849. 4	933. 0	236. 9	679. 5	1849. 4	954. 4	236. 9	658. 1
2006	2163. 1	1065. 5	276. 6	821. 0	2163. 1	1091. 8	276. 6	794. 7
2007	2658. 1	1281. 1	353. 0	1024. 0	2658. 1	1315. 1	353. 0	990. 0
2008	3140. 5	1507. 0	506. 1	1127. 3	3140. 5	1475. 6	506. 1	1158. 7
2009	3409. 0	1671. 0	419. 6	1318. 4	3409. 0	1628. 8	419. 6	1360. 6
2010	4015. 1	1909. 7	526. 7	1578. 7	4015. 1	1857. 4	526. 7	1631. 0
2011	4731. 0	2225. 3	622. 7	1883. 0	4731. 0	2155. 9	622. 7	1952. 5
2012	5194. 7	2566. 8	688. 7	1939. 3	5194. 7	2483. 5	688. 7	2022. 6
2013	5880. 2	2990. 7	735. 4	2154. 1	5880. 2	2893. 5	735. 4	2254. 4
2014	6439. 7	3286. 0	786. 4	2367. 2	6439. 7	3169. 9	786. 4	2483. 4
2015	7411. 4	3571. 0	796. 7	3043. 7	7411. 4	3276. 6	796. 7	3338. 1

资料来源:1992 年至 1999 年的资金流量表取自《中国资金流量表历史资料(1992—2004)》,2000 年至 2009 年的资金流量表取自《中国统计年鉴 2012》中资金流量表实物部分,2010 年至 2014 年取自各年份对应的《中国统计年鉴》。

二、我国整体要素收入分配的调整前后比较分析

基于前文所测算的个体经营业主和国有农场的相关数据，结合要素收入核算口径的两次重大调整，我们调整了全国要素收入份额。具体指标值见表3—1①，计算比较调整前后的要素收入份额，可以发现，调整前的劳动收入份额从1992年的55%下降到2015年的48%，下降了7个百分点；而调整后的劳动收入份额从1992年的54%下降到2015年的44%，下降了10个百分点。但

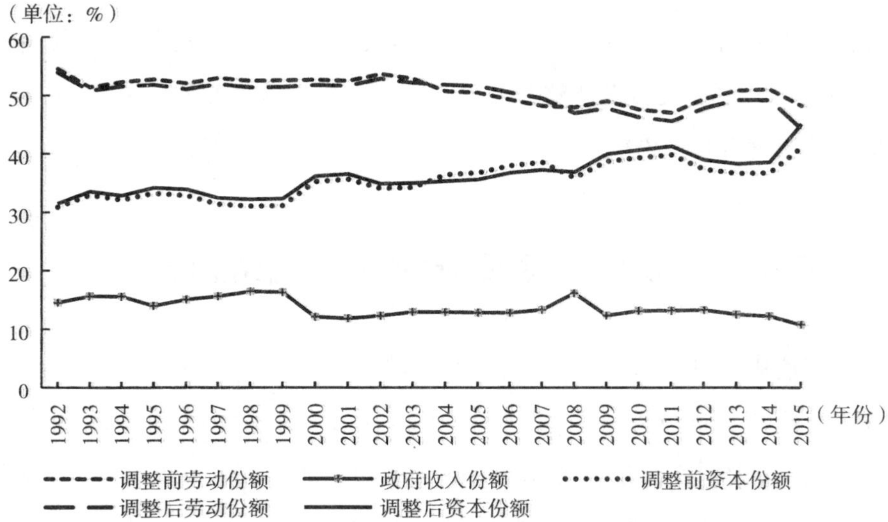

图3—2　1992—2015年调整前后我国要素收入份额

对比趋势图（见图3—2）可以发现，除了1992年的劳动收入份额较高之外，1993年至2015年调整前的劳动收入份额大体在48%上下波动，而调整后的劳动收入份额大体在44%上下波动，这一结果略低于大多数国家55%—65%的水平。资本收入份额方面，调整前和调整后的资本收入份额都有持续上升的趋势，调整前的资本收入份额在整个考察期上升了10.6个百分点，其最低

① 由于资金流量表只更新到2015年，所以本书重新测算了1992年至2015年全国整体要素收入份额。

点和最高点分别是 30.5%和 41.1%;而调整后的资本收入份额上升幅度较大,其最低点和最高点分别是 31.5%和 45.0%,总共上升了 13.5 个百分点。这意味着中国的资本所有者投资力度偏高,并有持续上升的趋势。2003 年以前和 2008 年以后,调整前的资本收入份额低于调整后的资本收入份额,平均低 1 个百分点;而 2003 年至 2007 年间,调整前的资本收入份额高于调整后的资本收入份额,平均高 1.2 个百分点。政府收入份额方面,波动区间为 11%到 16%。短期内呈现一种周期性增长,即政府收入份额在 1992 年到 1999 年有缓慢的上升趋势,由 14.5%上升到 16.2%,1999 年到 2000 年骤降 4 个百分点,而 2000 年到 2008 年出现新一轮的上升趋势。2008 年到 2009 年下降了 3.7 个百分点,之后又缓慢调整。由于口径调整并未涉及政府收入份额,因而调整前后的政府收入份额一致。

第四节　我国地区要素收入分配结构的测算

本节使用 1992—2015 年的省际收入法 GDP 数据来对中国各地区的要素收入分配结构进行再测算,1992 年至 2004 年的省际收入法 GDP 数据来源于《中国国内生产总值核算历史资料(1952—2004)》,2005 年至 2014 年的省际收入法数据均取自相应年份的《中国统计年鉴》。核算口径方面,本节依据(3.4)式、(3.5)式和(3.6)式划分个体经营业主混合收入,依据(3.9)式测算各省国有农场营业盈余。并结合核算口径的两次重大调整,重新调整了各地区要素收入份额。由于《中国统计年鉴》没有报告 2008 年和 2013 年各省收入法 GDP 统计结果,而国家统计局数据库网站上整理了 2008 年和 2013 年各省收入法 GDP,因此本部分通过国家统计局数据库的数据整理计算 2008 年和 2013 年的要素收入份额。还需说明的是,我们对以下情况未作调整:一是由于 1996 年以前,重庆市仍隶属四川省,因此本节未调整 1996 年以前的重庆市和四川省的要素收入份额。二是西藏有些年份数据空缺,因而相应年份未做份额调整。

一、地区劳动收入份额测算的调整分析

本节报告了调整后的劳动收入份额,见表3—2、表3—3。就调整后的劳动收入份额结果看,各地区的劳动收入份额的大小、波幅、趋势以及调整前后的变化明显。劳动份额最小值出现在天津,为32%;劳动收入份额最大值出现在西藏,为84%。各地区平均劳动份额是48%,劳动收入份额出现最频繁的值是46%。这意味着各地区劳动收入份额普遍不高。从波幅上看,这二十多年间,波动较小的地区有辽宁、上海、江苏、云南、宁夏,波动幅度不足10%;而波动较大的地区有内蒙古、吉林、江西、湖北、西藏和陕西,波动幅度超过20%。从趋势上看,呈明显上升趋势的地区有北京、上海;处于下降趋势的地区有陕西、四川和江西;趋势比较平稳的地区有浙江、重庆、云南和宁夏,其余地区呈现不规则变动。对劳动收入份额调整后与劳动份额调整前进行比较,我们发现大多数地区调整后的劳动收入份额波动幅度比调整前的劳动收入份额小,只有浙江、江西调整后的劳动收入份额比调整前的劳动收入份额波动幅度大。从调整后的劳动收入份额与调整前的劳动收入份额差值上看,各省调整后的劳动收入份额平均每年在调整前的劳动收入份额基础上的变化差值也不一样。差值较小的地区有北京、天津、江苏、福建、新疆,平均每年调整差值低于0.7个百分点;差值较大的地区有浙江、安徽、湖北,平均每年调整差值高于1.4个百分点。其余的省份每年的调整差值大概为1个百分点。由于统计口径的方法调整问题,各地区调整后的劳动收入份额在2004年以前和2008年以后的数值均高于同年调整前的劳动收入份额;而在2004年至2008年间各地区调整后的劳动收入份额低于各地区调整前的劳动收入份额。

表 3—2　1992—2003 年调整后各地区劳动收入份额　　（单位:%）

年份 地区	1992	1993	1994	1995	1996	1997	1998	1999	2000	2001	2002	2003
北京	36	43	44	43	42	42	42	42	42	41	41	42
天津	41	41	43	44	47	50	50	49	42	40	38	34
河北	46	49	54	56	52	51	50	52	51	51	49	48
山西	48	41	42	41	42	41	41	40	41	40	41	37
内蒙古	54	61	60	58	56	55	55	51	48	46	46	46
辽宁	42	44	45	47	49	50	50	47	44	43	43	43
吉林	51	54	60	58	60	60	61	60	58	65	64	64
黑龙江	41	41	40	46	47	46	46	45	42	45	46	46
上海	36	37	35	36	36	35	35	36	36	37	38	36
江苏	47	43	44	46	47	47	46	45	45	45	45	45
浙江	48	41	42	42	40	41	40	40	42	41	39	39
安徽	55	60	56	56	55	56	53	50	48	45	46	42
福建	60	55	50	52	51	51	51	51	48	48	48	48
江西	62	63	63	60	62	63	62	61	60	58	56	55
山东	45	45	44	45	43	44	44	45	47	47	47	46
河南	55	53	60	60	58	55	52	50	49	48	46	43
湖北	50	51	52	56	62	62	61	59	60	59	60	55
湖南	54	56	61	65	62	62	60	58	58	58	57	55
广东	53	51	50	48	48	47	50	48	45	43	44	41
广西	59	57	61	64	61	62	61	59	58	57	56	53
海南	51	44	47	48	48	48	48	48	49	49	49	49
重庆	—	—	—	—	—	51	51	50	49	48	47	47
四川	—	—	—	—	—	56	56	57	57	57	57	56
贵州	56	59	62	64	63	63	65	64	60	55	55	54
云南	51	45	43	45	47	46	44	47	44	46	45	45
西藏	84	—	81	—	59	—	62	65	72	70	68	62
陕西	58	59	55	56	54	52	51	49	53	52	48	45
甘肃	51	51	50	49	53	52	51	51	55	53	50	46
青海	57	57	54	53	59	59	56	55	52	51	49	47
宁夏	48	46	50	51	52	50	51	51	51	49	49	49
新疆	56	54	52	55	56	56	57	55	49	52	50	51

表 3—3　2004—2015 年调整后各地区劳动收入份额　（单位：%）

年份 地区	2004	2005	2006	2007	2008	2009	2010	2011	2012	2013	2014	2015
北京	44	46	46	45	50	5	48	49	5	51	52	55
天津	34	32	32	32	37	37	38	38	39	40	40	40
河北	41	42	39	39	53	54	54	5	5	49	49	50
山西	36	36	37	34	40	45	39	41	43	45	46	46
内蒙古	43	42	41	35	39	46	43	43	43	44	47	47
辽宁	45	45	44	42	50	48	47	45	45	41	45	42
吉林	46	45	44	42	39	39	38	38	37	37	39	41
黑龙江	36	36	36	37	37	39	36	36	38	40	42	45
上海	35	36	37	35	38	39	39	40	41	42	43	44
江苏	41	42	42	38	40	43	40	41	41	42	43	43
浙江	42	41	42	42	40	38	37	39	4	46	44	45
安徽	46	46	46	46	52	49	47	47	47	44	44	44
福建	44	44	44	43	52	52	49	49	49	51	51	52
江西	47	47	46	46	42	39	44	43	41	41	39	40
山东	36	36	35	36	44	44	39	38	38	39	39	43
河南	45	45	42	42	46	48	49	49	49	49	49	49
湖北	46	46	43	43	50	47	41	47	47	47	45	45
湖南	47	46	48	47	51	49	49	49	48	49	49	49
广东	41	41	41	41	44	44	43	45	47	47	47	48
广西	50	51	47	48	61	58	58	57	54	46	50	51
海南	50	50	48	43	54	51	49	49	49	54	56	54
重庆	47	50	48	5	51	5	48	48	48	39	40	40
四川	5	47	46	47	53	47	46	44	43	41	43	46
贵州	47	47	46	46	52	53	52	51	52	52	53	54
云南	45	48	46	46	48	48	45	47	49	49	48	48
西藏	57	56	56	55	52	63	63	63	63	62	63	62
陕西	41	42	4	38	45	45	39	39	38	41	40	41
甘肃	47	37	47	45	52	46	51	45	45	48	47	49
青海	49	49	48	47	52	53	46	44	42	44	45	45
宁夏	49	49	49	47	53	52	53	49	48	49	50	53
新疆	52	50	46	46	49	54	51	50	52	53	54	57

二、地区资本收入份额测算的调整分析

资本收入份额方面，各地区的资本收入份额的大小、波幅、趋势以及调整前后的变化并不一致（见表3—4、表3—5）。资本收入份额最小值出现在西藏，为11%；资本收入份额最大值出现在天津，为54%。各地区平均资本收入份额是38%，资本收入份额出现最频繁的值是38%。从波幅上看，这二十多年间，波动较小的地区有江苏、云南、重庆、宁夏，波动幅度不足10%；而波动较大的地区有贵州、浙江、内蒙古、吉林、西藏和天津，波动幅度超过20%。从趋势上看，呈明显上升趋势的地区有安徽、内蒙古；处于下降趋势的地区是北京；趋势比较平稳的地区有辽宁、江苏、重庆；其余地区呈现不规则变动。对资本收入份额调整后与资本收入份额调整前进行比较，我们发现所有地区调整后的资本收入份额波动幅度比调整前的资本收入份额小。从调整后的资本收入份额与调整前的资本收入份额差值上看，各省调整后的资本收入份额平均每年在调整前的资本收入份额基础上的变化差值也不一样。差值较小的地区有北京、天津、江苏、福建、新疆，平均每年调整的差值低于0.7个百分点；差值较大的地区有浙江、安徽、湖北，平均每年调整的差值高于1.4个百分点。其余省份每年调整的差值大概为1个百分点。由于统计口径的方法调整问题，各地区调整后的资本收入份额在2004年以前和2008年以后的数值均低于同年调整前的资本收入份额值；而在2004年至2008年间各地区调整后的资本收入份额均高于各地区调整前的资本收入份额。

表3—4　1992—2003年调整后各地区资本收入份额　（单位:%）

地区＼年份	1992	1993	1994	1995	1996	1997	1998	1999	2000	2001	2002	2003
北京	46	42	41	42	43	43	44	43	44	44	44	43
天津	49	43	41	40	39	36	33	32	39	40	42	45
河北	45	42	36	34	38	39	39	38	40	39	42	43

续表

地区\年份	1992	1993	1994	1995	1996	1997	1998	1999	2000	2001	2002	2003
山西	40	45	44	45	45	45	45	46	46	46	46	48
内蒙古	35	26	29	30	32	34	36	38	40	42	44	44
辽宁	43	41	40	39	40	39	39	42	42	44	43	43
吉林	39	35	30	27	28	29	28	28	32	28	29	28
黑龙江	41	41	42	35	36	37	37	38	42	42	41	41
上海	46	46	48	47	45	45	44	42	40	40	41	45
江苏	40	42	41	40	40	40	41	42	42	42	42	41
浙江	24	45	45	47	48	47	48	48	43	45	46	47
安徽	32	26	29	30	32	30	32	36	38	41	40	43
福建	30	34	39	38	39	39	39	39	42	43	42	42
江西	29	26	25	32	30	27	29	29	30	30	31	32
山东	41	38	41	44	45	43	42	41	38	38	39	39
河南	31	34	28	28	30	33	39	39	40	41	42	45
湖北	38	38	36	31	27	27	28	28	26	27	27	29
湖南	24	33	25	25	28	28	28	30	30	30	31	33
广东	32	35	36	38	38	39	35	37	39	41	41	44
广西	27	30	27	25	28	27	29	30	31	32	33	36
海南	40	46	43	42	42	42	42	41	40	40	40	40
重庆	—	—	—	—	—	39	35	36	38	38	39	39
四川	32	31	32	32	32	34	34	32	32	32	32	33
贵州	36	24	22	21	20	20	18	18	22	27	29	30
云南	29	32	33	33	33	30	29	30	32	32	33	32
西藏	11	—	15	—	41	—	33	30	19	22	27	33
陕西	29	28	33	33	34	35	35	37	33	34	37	40
甘肃	34	34	35	35	31	33	34	34	34	29	29	39
青海	29	32	35	37	32	31	35	34	37	37	39	41
宁夏	36	38	37	36	36	37	36	36	35	37	37	39
新疆	36	38	38	35	32	33	32	34	40	36	35	37

表 3—5　2004—2015 年调整后各地区资本收入份额　　（单位：%）

年份 地区	2004	2005	2006	2007	2008	2009	2010	2011	2012	2013	2014	2015
北京	41	38	39	40	33	34	36	35	33	33	33	31
天津	48	54	50	51	48	47	47	46	45	44	44	43
河北	47	46	48	46	35	34	33	38	37	36	37	37
山西	48	48	48	50	42	40	45	43	41	39	37	37
内蒙古	46	45	47	52	47	41	44	43	44	43	40	40
辽宁	41	39	40	41	37	36	36	36	34	40	37	41
吉林	40	38	42	44	46	46	47	47	48	47	46	44
黑龙江	50	51	51	50	50	48	48	48	47	45	44	43
上海	49	47	48	48	43	42	42	41	39	37	37	37
江苏	43	42	43	46	44	42	45	44	44	44	44	44
浙江	43	45	43	43	45	47	47	44	44	39	41	40
安徽	41	40	40	40	37	37	38	39	39	40	40	40
福建	42	42	42	43	35	35	38	38	36	35	34	33
江西	41	41	41	40	39	41	39	41	43	43	45	44
山东	50	48	51	48	41	41	45	45	46	44	45	44
河南	43	44	46	45	41	35	38	38	35	36	40	40
湖北	41	37	43	41	36	39	44	40	39	39	40	40
湖南	41	41	39	39	33	36	35	35	35	35	35	35
广东	45	43	45	45	40	41	42	39	38	38	38	38
广西	39	37	42	41	28	29	29	30	33	34	31	30
海南	38	34	40	43	32	34	34	33	32	33	30	32
重庆	40	37	38	37	36	36	37	37	37	43	42	42
四川	38	36	42	41	33	37	38	41	42	43	41	37
贵州	38	38	39	38	32	32	33	32	30	30	29	28
云南	35	38	33	33	30	32	35	33	29	31	32	32
西藏	37	21	38	38	40	30	29	29	28	29	28	29
陕西	45	42	45	47	41	38	44	43	45	41	40	40
甘肃	38	48	38	40	35	42	33	37	37	36	37	37
青海	39	32	40	40	35	33	39	38	43	43	42	43
宁夏	38	31	38	40	33	37	36	38	38	37	36	35
新疆	36	36	42	41	36	31	34	34	33	33	32	29

三、地区政府收入份额测算的调整分析

由于生产税净额的统计口径在样本区间内没有发生变化，因此本书并没有对政府收入份额进行调整。如表3—6、表3—7所示，相对于劳动收入份额和资本收入份额而言，政府收入份额所占的比值较小，最高值出现在云南，份额占比为27%；最低值出现在西藏，为1%，其次是吉林，为7%。对于每个地区的政府收入份额而言。政府收入份额历年的变化幅度并不明显，1992年至2012年间变动幅度超过10%的地区仅有天津、云南和西藏。从变动趋势上看，政府收入份额波动比较平稳的地区有北京和安徽；波动较大的地区有天津、内蒙古、吉林、黑龙江、上海、广东、云南；呈明显上升趋势的地区有山西、福建和海南。

表3—6　1992—2003年调整后各地区政府收入份额　　（单位:%）

年份 地区	1992	1993	1994	1995	1996	1997	1998	1999	2000	2001	2002	2003
北京	18	15	15	15	15	15	14	14	15	15	15	15
天津	10	16	16	16	14	15	16	18	19	20	19	21
河北	10	10	11	11	10	10	10	10	9	10	9.	9
山西	12	14	14	14	14	14	14	13	13	13	14	15
内蒙古	11	13	11	11	11	11	9	11	12	12	11	11
辽宁	15	15	15	14	11	11	11	11	14	13	13	13
吉林	10	11	10	14	12	11	12	12	9	7	7	7
黑龙江	17	18	17	19	18	18	18	18	15	14	13	13
上海	19	17	18	17	19	21	21	22	24	23	21	19
江苏	13	16	15	13	13	13	13	13	13	13	13	14
浙江	13	14	13	12	12	12	12	12	15	14	15	15
安徽	13	14	16	14	13	14	14	14	15	14	14	15
福建	10	11	11	10	10	10	10	10	10	10	10	10
江西	9	11	11	9	9	10	10	10	11	13	13	13

续表

年份 地区	1992	1993	1994	1995	1996	1997	1998	1999	2000	2001	2002	2003
山东	14	17	15	11	11	13	14	14	14	15	14	15
河南	15	13	11	12	12	12	10	11	12	11	12	12
湖北	12	11	12	12	11	11	12	13	14	13	13	16
湖南	13	11	14	10	10	10	11	12	12	12	12	13
广东	15	14	14	14	14	14	15	15	16	16	15	15
广西	14	13	12	11	11	11	10	10	11	11	11	11
海南	9	10	10	10	10	10	10	11	11	11	11	11
重庆	—	—	—	—	—	10	14	14	14	14	14	15
四川	12	12	12	12	12	10	10	10	11	11	11	11
贵州	8	16	16	15	16	17	17	18	18	18	17	15
云南	20	22	24	22	21	24	27	23	25	22	23	22
西藏	5	—	4	—	1	—	5	5	8	8	5	5
陕西	13	13	12	11	12	13	14	14	14	14	15	16
甘肃	15	15	15	16	16	15	15	15	10	18	21	15
青海	12	11	10	10	9	11	10	11	12	11	12	12
宁夏	15	16	14	13	12	13	13	13	14	14	13	13
新疆	8	9	10	10	12	11	11	11	12	12	14	12

表 3—7　2004—2015 年调整后各地区政府收入份额　（单位:%）

年份 地区	2004	2005	2006	2007	2008	2009	2010	2011	2012	2013	2014	2015
北京	15	16	15	15	17	16	16	16	16	16	15	14
天津	18	14	18	18	15	15	15	16	17	17	17	17
河北	12	12	13	15	12	12	12	12	13	15	13	13
山西	15	15	15	16	18	15	16	16	16	17	17	17
内蒙古	11	14	11	13	14	13	13	15	14	13	13	13
辽宁	14	16	16	17	13	16	17	19	21	19	18	17
吉林	15	17	14	14	15	15	15	15	16	16	15	15
黑龙江	14	13	13	13	13	13	16	17	15	15	14	12

续表

地区\年份	2004	2005	2006	2007	2008	2009	2010	2011	2012	2013	2014	2015
上海	16	16	16	17	19	19	19	19	20	20	20	20
江苏	16	16	15	16	16	16	15	15	15	14	13	13
浙江	15	14	15	15	15	15	15	16	16	15	15	15
安徽	14	14	14	14	11	14	14	14	14	16	16	16
福建	14	14	13	14	12	13	13	13	14	14	15	15
江西	12	12	13	13	19	19	17	17	16	16	16	16
山东	15	16	14	16	15	15	16	17	17	17	16	13
河南	12	12	12	13	13	17	13	12	16	15	11	11
湖北	14	17	14	16	14	14	14	14	14	14	15	15
湖南	13	13	13	13	15	15	16	16	16	16	15	15
广东	14	16	14	14	16	15	15	16	16	15	16	14
广西	11	12	11	11	11	12	13	13	13	20	19	19
海南	11	16	12	14	14	15	17	17	19	13	13	14
重庆	13	12	14	13	13	14	15	15	15	18	18	17
四川	13	17	12	12	14	16	16	15	15	16	16	17
贵州	15	15	15	16	16	15	15	17	18	18	18	18
云南	20	15	21	21	21	20	21	20	22	21	20	21
西藏	6	23	7	7	8	7	7	8	9	9	9	9
陕西	14	17	15	15	15	17	17	18	18	18	20	19
甘肃	15	16	15	15	13	12	16	18	17	16	16	15
青海	12	19	13	13	13	15	15	17	15	13	13	12
宁夏	13	20	13	13	15	11	11	12	14	14	14	12
新疆	11	14	12	13	15	15	15	16	15	14	15	13

四、地区要素收入分配结构的比例分析

对于各地区要素收入分配结构的比例分析，一个共同特征是各地区政府收入占国民初次分配的比重最低，并且波动幅度不明显，这与中国的税制改革

有密切联系。劳动收入份额和资本收入份额方面,劳动收入份额近二十多年来长期高于资本收入份额的地区有安徽、福建、广西、海南、宁夏、贵州、新疆、西藏、云南,而资本收入份额长期高于劳动收入份额的地区有浙江、上海、山西,劳动收入份额与资本收入份额大体相当的地区有辽宁、江苏,劳动收入份额先高于资本收入份额,后低于资本收入份额的地区有内蒙古、吉林、陕西。波动趋势上,劳动收入份额呈下降趋势、资本收入份额呈上升趋势的地区有陕西、江西、安徽;劳动收入份额呈上升趋势,资本收入份额呈下降趋势的地区有北京;三大要素收入份额基本保持稳定的地区有辽宁、江苏。

第五节　我国地区要素收入分配的动态演进

从数据的测算结果中,我们仅能捕捉到数据的整体特征诸如最小值、最大值、均值、波幅等静态特征。为了能够更好地观察地区的分布位置、形态特征以及延展性,我们引入非参数估计中的核密度估计方法,对各地区劳动收入份额、资本收入份额、政府收入份额分布状态进行一个直观而清晰的描述。核密度估计法是在直方图的基础上,利用密度函数进行平滑化的方法。相比直方图粗糙、精度低的不足,核密度估计法更适合考察研究对象的分布格局,因此我们用核密度估计方法详细描述收入分配的动态演进。一般的核密度估计函数为:

$$f(x) = \frac{1}{Nh}\sum_{i=1}^{N} K(\frac{x - x_1}{h}) \tag{3.10}$$

其中,N 指观测值的数目,h 指带宽,K 指核函数。带宽 h 控制着密度估计的平滑程度,带宽越大,估计越平滑,但估计的偏差越大,而带宽越小,核估计的偏差越小,但方差越大。核函数的不同也会导致核估计结果不一样,但是核函数的种类对核密度估计结果影响不会太大,关键仍然取决于核密度的带宽。

一、地区劳动收入份额的动态演进

使用矩阵实验室(Matlab R2016a)软件对1998—2015年中国31个省、自治区、直辖市的劳动收入份额进行核密度估计。[①] 使用的核函数是高斯核函数,窗宽的选择则是使用Matlab R2016a中默认的窗宽估计方法。资本收入份额与政府收入份额都采取同样的方法进行核密度估计。劳动收入份额得到的动态演进图如图3—3所示,可以看出,中国各地区劳动收入份额的变化主要呈现以下特征:第一,从密度分布曲线位置的平移来看,地区劳动收入份额整体没有明显的平移趋势,基本是在[0.31,0.73]的区间范围内收放。说明劳动收入份额并没有呈现出特征性的上升或者下降趋势,而是在区间内波动变化。第二,从密度曲线的峰度特征来看,波峰高度最高、宽度最窄时出现在2006年,表明2006年各地区劳动收入份额之间差距最小;波峰高度最低、宽度最宽时出现在1998年,说明样本考察期内1998年各地区劳动收入份额差距最大。第三,从密度曲线的形状来看,波峰数量一直是单峰分布,说明劳动

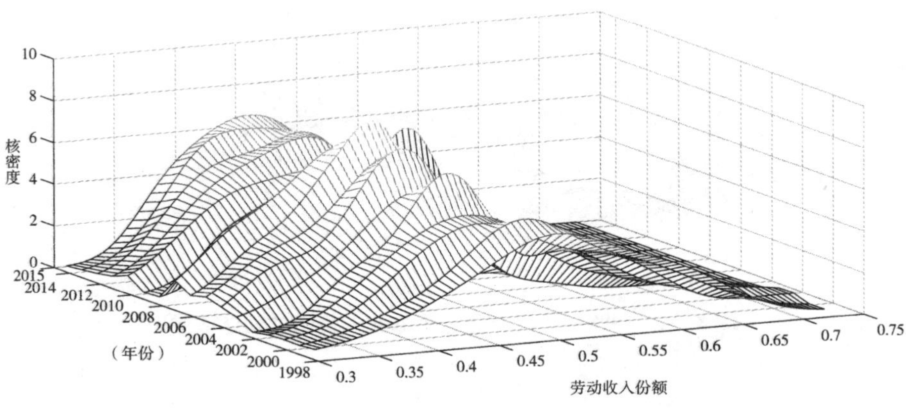

图3—3　1998—2015年地区劳动收入份额的动态演进

① 考虑到1998年以前数据的不完整性,以及与后文经济增长质量形成一致性。所以本节在进行收入分配的动态演进分析时,统一使用1998年至2015年的收入分配数据。

收入份额的分布并没有出现极化现象。

二、地区资本收入份额的动态演进

劳动收入份额主要表现出区间波动、单峰分布的特征，那么资本收入份额的变化则主要呈现以下特点（见图 3—4）：第一，从密度分布曲线位置的平移来看，样本考察期间资本收入份额主要在[0.2,0.5]的区间内变化，同样没有明显的扩张或者收缩的趋势。第二，从密度曲线的峰度特征来看，波峰高度最高、宽度最窄时出现在 2004 年，表明 2004 年各地区资本收入份额差距最小；波峰高度最低、宽度最宽时出现在 1999 年，说明样本考察期内 1999 年的资本收入份额差距最大。这与劳动收入份额的峰度特征存在一定的差距。第三，从密度曲线的形状来看，波峰数量一直是单峰分布，说明资本收入份额的分布并没有出现两极分化现象。

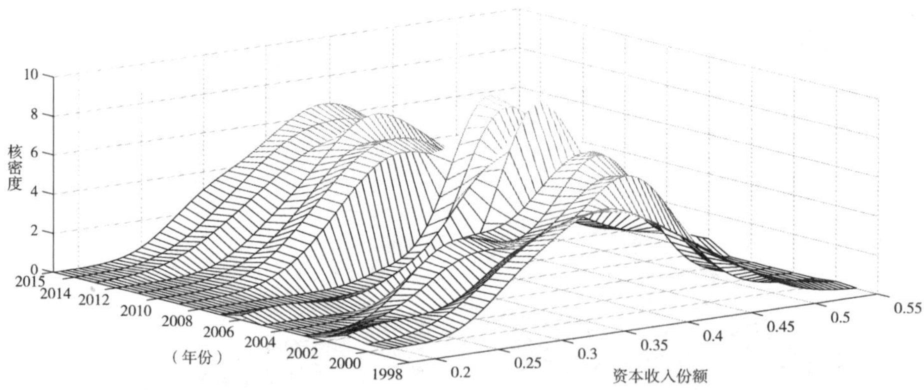

图 3—4　1998—2015 年地区资本收入份额的动态演进

三、地区政府收入份额的动态演进

关于地区政府收入份额的变化，由图 3—5 的核密度估计图可以得到以下特征：第一，从密度分布曲线位置的平移来看，地区政府收入份额主要在[0.05,0.27]的区间内变化，并且变化幅度并不明显。第二，从密度曲线的峰度特征来看,波峰高度最高、宽度最窄时出现在 2009 年,表明 2009 年各地区政府收入份额差距最小;波峰高度最低、宽度最宽时出现在 1998 年,说明样本考察期内 1998 年的政府收入份额差距最大。第三,从密度曲线的形状来看,波峰数量一直是单峰分布,说明地区政府收入份额的分布也并未出现两极分化现象。

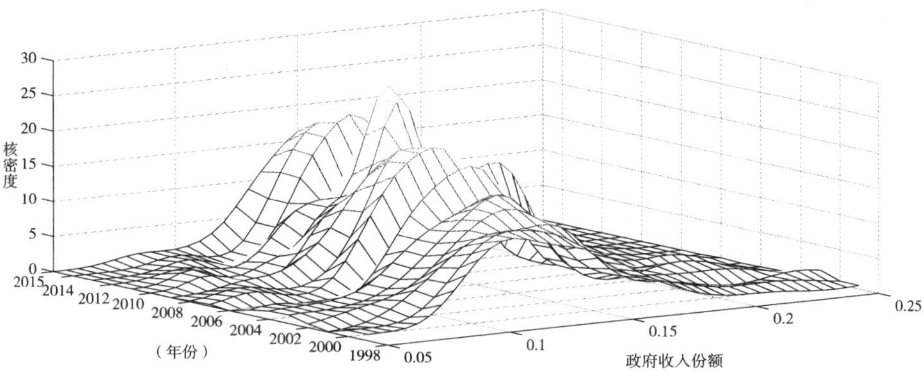

图 3—5　1998—2015 年地区政府收入份额的动态演进

四、地区要素收入份额动态演进的比较

尽管劳动收入份额、资本收入份额以及政府收入份额三者加总为 1,其中一者发生变化必然带动另外两者作出相应调整,这种密切的相关性不言而喻。但是在既定的约束条件下,三者仍然存在各自的属性。总结劳动收入份额、资本收入份额、政府收入份额的动态演进,我们不难发现以下特征:第一,样本考察期内,三者都没有表现出明显的上升或下降趋势,总是处于一定的范围内波动变化。第二,密度曲线的形状都呈现出单峰状态,意味着各地区要素收入分配存在变化,但是要素收入分配的差距并未呈现出分化特征。可能是因为收入分配在大方向上仍然依赖宏观调控,各地区在政策背景下略有差异,但总体趋同。第三,劳动收入份额的波动范围最大,资本收入份额的波动范围次之,政府收入份额的波动范围最小。同时,劳动收入份额的中心点位置偏右,资本

收入份额中心点位置次之,而政府收入份额中心点位置略微偏左。第四,劳动收入份额、资本收入份额、政府收入份额三者的波峰最高值与最低值所处的年份有所差别。表明劳动收入份额地区差异最大时,资本收入份额或者政府收入份额并没有呈现差异最小的特征,而政府收入份额地区差异最小时也不能说明劳动收入份额或者资本收入份额地区差异最大。

第四章 我国经济增长质量的综合评价

第一节 经济增长质量测算的相关研究

经济增长质量是区别于经济增长数量的一种内涵更为宽泛的复合概念。作为一个经济体,如果单纯以经济增长数量为基准判定经济增长的优劣,则会忽略了经济增长中的一系列诸如结构失衡、收入分配差距扩大、资源浪费以及环境破坏等问题。党的十九大报告中提出:“我国经济已由高速增长阶段转向高质量发展阶段,正处在转变发展方式、优化经济结构、转换增长动力的攻关期,建设现代化经济体系是跨越关口的迫切要求和我国发展的战略目标。”①因此,深入系统地研究经济增长质量,是分析和把握我国当前经济形势的重要内容。

经济增长质量是经济发展状况的外在反映。经济增长质量的高低直接反映出一个国家是否具有良好的经济基础,是否具备平衡的经济结构,以及是否拥有和谐的成果分配。那么,应该如何准确界定经济增长质量?虽然国内外学者对这一问题进行了广泛探讨,但仍未达成共识。对于经济增长质量内涵的不同理解直接导致研究经济增长质量的不同视角、内容以及方式。就既有文献看,基本形成了两种观点:一种是从狭义视角将经济增长质量理解为经济增长的效率。持这一观点的学者有乔和李(Chow 和 Li,2002)、刘亚建

① 习近平:《决胜全面建成小康社会 夺取新时代中国特色社会主义伟大胜利——在中国共产党第十九次全国代表大会上的报告》,人民出版社 2017 年版,第 30 页。

(2002)、康梅(2006)、肖欢明(2014)、刘艳和马占新(2014)等。乔和李(2002)用全要素生产率界定经济增长质量,肖欢明(2014)则用社会资源配置效率的提高定义经济增长质量。另一种是从广义视角将经济增长质量理解为包含经济领域多个层次的综合概念。持这一观点的学者有巴罗(2002)、刘树成(2007)、钞小静(2009)等。巴罗(2002)认为经济增长质量包含与经济增长紧密相关的多种因素,如受教育水平、预期寿命、收入公平、政治安定等。刘树成(2007)认为经济增长质量包含经济增长态势的稳定性,经济增长方式的可持续性、经济结构的协调性、经济增长效益的和谐性。钞小静(2009)则从经济增长的结构、经济增长的稳定性、经济增长的福利变化和成果分配以及资源利用和生态环境代价四个维度概括经济增长质量。

基于经济增长质量界定的广泛性,形成了经济增长质量测算的多样性。关于狭义视角的经济增长质量的测算,乔和李(2002)用全要素生产率(TFP)作为测度经济增长质量的指标。肖欢明(2014)则基于绿色地区生产总值(GDP)将自然资源和环境作为一种投入要素纳入柯布—道格拉斯生产函数来测度经济增长质量。刘艳和马占新(2014)以技术效率来测度经济增长质量。关于广义视角的经济增长质量的测算,赵英才、张纯洪、刘海英(2006)从产出效率、产出消耗、产品质量、经济运行质量和生存环境质量等五个维度采用相对指数法对经济增长质量进行评价测算。钞小静、任保平(2009)采用主成分分析法测度由经济增长的结构、经济增长的稳定性、经济增长的福利变化和成果分配以及资源利用和生态环境代价四个维度构建经济增长质量。随洪光、段鹏飞、高慧伟、周瑾(2017)从增长效率、稳定性、可持续性三个方面利用主成分分析法测算经济增长质量。詹新宇和崔培培(2016)从新发展理念出发构建指标体系,利用主成分分析方法计算了经济增长质量。

至此,可以将经济增长质量测算结果的差异归结为以下几点:第一,经济增长质量内涵界定的差异性。经济增长质量的界定是经济增长质量测算的前提条件,当经济增长质量的界定出现差异时,自然会导致经济增长质量的不同测算结果。第二,经济增长质量测算方法的差异性。经济增长质量的测算方法因其概念界定的不同而衍生出多种测算方法。仅仅是全要素生产率的测算方法就包括代数指数法、索洛残差法、隐性变量法以及潜在产出法等方法。而从多维度构建的经济增长质量指数处理方法则包含熵值法、相对指数法、因子分析法和主成分分析法等,此外,方法本身还存在处理方式的多样性。

基于以上原因,本章拟从经济增长质量概念的界定、经济增长质量测算方法的使用、经济增长质量测算结果的稳健性三个方面系统剖析我国经济增长质量的测算问题,详细刻画经济增长质量指数的变化规律,为后文的实证分析提供可靠的数据支撑。与现有文献相比,本章的主要创新是:利用最新修订的数据资料,充分考虑经济增长运行的基础条件,分别从条件、过程以及结果三个维度来定义经济增长质量,在此基础上,使用主成分分析法测度经济增长质量指数,并用核密度估计法动态刻画经济增长质量指数分布。

第二节　我国经济增长质量指标体系的构建和测算方法

经济增长数量是指一个国家或地区产品与服务数量上的不断增加,一般用国民收入、国内生产总值或国民生产总值来度量。而经济增长质量的范畴更为广泛,包含经济增长基础条件的基本状态、经济增长过程中的各种变化以及经济增长结果上的各种成本代价的取舍与判断。经济增长质量是一系列因素的综合反映,对其的度量必须借助由多方面、多指标所构成的综合评价指标体系来实现。

一、经济增长质量的指数构建

根据经济增长质量的理论内涵界定,在充分考虑数据可得性与可靠性的基础上,我们分别从经济增长的条件、过程和结果 3 个层次构建包含 21 个基础指标的经济增长质量指数(见表 4—1)。

表 4—1 经济增长质量指数基础指标构成

方面指数	分项指标	基础指标	计量单位	指标属性		
				正指标	逆指标	适度指标
经济增长的条件	人力资本	平均受教育年限	年	√	—	—
		高等教育人口比重	%	√	—	—
	创新能力	研发支出占地区生产总值比重	%	√	—	—
		专利申请受理数	件	√	—	—
	协调能力	社会保障支出/财政支出	%	√	—	—
		教育支出/财政支出	%	√	—	—
经济增长的过程	产业结构	第三产业产值/第二产业产值	—	√	—	—
		结构偏离的泰尔指数	—	—	√	—
	消费投资结构	消费率	%	—	—	√
		投资率	%	—	—	√
	金融结构	金融机构存贷款余额/地区生产总值	%	√	—	—
	国际收支结构	进出口总额/地区生产总值	%	√	—	—
经济增长的结果	增长效率	全要素生产率增长率	%	√	—	—
		资本生产率	%	√	—	—
		劳动生产率	%	√		
	资源消耗	单位地区生产总值能耗	—	—	√	—
	环境污染	单位产出大气污染程度	倍数	—	√	—
		单位产出污水排放数	倍数	—	√	—
		单位产出固体废弃物排放数	倍数	—	√	—
	成果分享	人口加权城乡收入比	—	—	√	—
		综合恩格尔系数	—	—	√	—

第一维度为经济增长的条件,分别从人力资本、创新能力和协调能力三个方面来进行评价。其中,人力资本分项选择平均受教育年限和高等教育人口比重来表示人力资本的总量与结构;创新能力分项选择研发支出占 GDP 的比重来反映创新活动的投入情况,选择专利申请受理数来体现创新活动的效率;协调能力分项选择社会保障支出占财政支出的比重以及教育支出占财政支出的比重来反映政府在经济发展过程中的协调作用。

第二维度为经济增长的过程,分别从产业结构、消费投资结构、金融结构以及国际收支结构四个方面来进行测度。产业结构在一定意义上决定了一个经济体经济增长的方式,产业结构升级和转换的快慢程度构成了经济增长质量的重要内容,我们选择第三产业产值与第二产业产值之比、结构偏离的泰尔指数来测度产业结构高级化与产业结构合理化。对于消费投资结构的指标选择,我们将消费率与投资率作为适度指标纳入指标体系,其中现阶段消费率的合意区间为55%—60%,投资率的合意区间为40%—45%(蔡跃洲,2010)。金融结构分项选择金融机构存贷款余额占 GDP 的比重作为衡量指标。国际收支结构分项选择进出口总额占 GDP 的比重作为基础指标。

第三维度为经济增长的结果,包括增长效率、资源消耗、环境污染以及成果分享四个方面。增长效率揭示了各种生产要素转化为产出的有效性,我们选择全要素生产率增长率、资本生产率、劳动生产率作为效率的测度指标。资源消耗及环境污染选择单位地区生产总值能耗、单位产出大气污染程度、单位产出污水排放数、单位产出固体废弃物排放数作为其基础测度指标。对于成果分享的测度,我们使用人口加权城乡收入比、城镇居民与农村居民的综合恩格尔系数来反映人民生活水平的变化情况。

二、经济增长质量指数构建的基础指标数据说明

表4—2 详细列出了各基础指标的测算方法和数据来源,考虑到数据的可得性以及统计口径的一致性,本书选择以 1998—2015 年作为样本区间。此外,由于

西藏数据质量非常低,我们只测算中国大陆除西藏外的30个省(自治区、直辖市)的经济增长质量水平。对于个别缺失数据,本书通过建立方程进行估算得到。需要说明的是,由于《中国统计年鉴》没有汇报2001年按受教育程度分的人口数据,所以本节通过线性插值法将2001年平均受教育年限和高等教育人口比重补齐。

表4—2　经济增长质量基础指标说明及数据来源(21个基础指标)

指标名称	指标说明	指标来源
平均受教育年限	平均受教育年限=未上过学人口占比×0年+小学受教育程度人口占比×6年+初中受教育程度人口占比×9年+高中受教育程度人口占比×12年+大专及以上受教育程度人口占比×16年	按受教育程度分的人口数据来自历年《中国统计年鉴》
高等教育人口比重	高等教育人口比重=大专及以上受教育程度人数/6岁及以上人口	按受教育程度分的人口数据来源于历年《中国统计年鉴》
研发支出占地区生产总值比重	研发支出/地区生产总值	研发支出来源于历年《中国科技年鉴》
专利申请受理数	—	直接来源于历年《中国统计年鉴》
社会保障支出占比	社会保障支出/财政支出	社会保障支出与财政支出数据均来源于历年《中国统计年鉴》
教育支出占比	教育支出/财政支出	教育支出数据来源于历年《中国统计年鉴》
第二、第三产业产值比	第三产业产值/第二产业产值	第二产业产值和第三产业产值数据均来自历年《中国统计年鉴》
结构偏离的泰尔指数	结构偏离的泰尔指数是结合就业人员与产值比重的综合指数,反映了人口加权产业产值比。具体计算公式如下。式中,TL表示结构偏离度,Y表示产值,L表示就业人数,i表示产业,n表示产业部门数,这里取: $TL = \sum_{i=1}^{n}\left(\frac{Y_i}{Y}\right)\ln\left(\frac{Y_i}{L_i}/\frac{Y}{L}\right)$	就业人数和产业产值均来源于历年《中国统计年鉴》
消费率	最终消费/地区生产总值	数据直接来源于历年《中国统计年鉴》

续表

指标名称	指标说明	指标来源
投资率	总投资额/地区生产总值	数据直接来源于历年《中国统计年鉴》
金融机构存贷款余额占比	金融机构存贷余额占比=(金融机构存款余额+金融机构贷款余额)/地区生产总值	金融机构存款余额与金融机构贷款余额数据均来自各地区统计年鉴
进出口总额占比	进出口总额/地区生产总值	进出口总额数据来源于历年《中国统计年鉴》
全要素生产率增长率	全要素生产率是由名义地区生产总值、地区生产总值指数、资本存量、就业人口数为基础数据依据数据包络分析(DEA—Malmaquist)指数法计算得到	名义GDP、地区生产总值指数、就业人口数据均来自历年《中国统计年鉴》,资本存量通过计算求得
资本生产率	地区生产总值/资本存量,其中资本存量采用永续盘存法求得	固定资本形成额、固定资产投资价格指数均来自历年《中国统计年鉴》,折旧率取10.96%
劳动生产率	地区生产总值/劳动人口数	劳动人口数据来自历年《中国统计年鉴》
单位地区生产总值能耗	能源消耗/地区生产总值	能耗数据来源于地区统计年鉴
单位产出大气污染程度	工业废气排放量/地区生产总值	工业废气排放量数据来源于《中国环境统计年鉴》
单位产出污水排放数	废水排放量/地区生产总值	废水排放量数据来源于《中国环境统计年鉴》
单位产出固体废弃物排放数	工业固体废气物/地区生产总值	工业废弃物数据来源于《中国环境统计年鉴》
人口加权城乡收入比	人口加权城乡收入比具体公式如下。其中 T_1 表示人口加权城乡收入比,y 表示收入,p 表示人口,$i=1$ 时表示城镇,$i=2$ 时表示农村:$T_1 = \sum_{i-1}^{n}\left(\frac{y_i}{y}\right)\ln(\frac{y_i}{y}/\frac{p_i}{p})$	城乡居民收入、城乡人口数据均来自历年《中国统计年鉴》
综合恩格尔系数	综合恩格尔系数=城镇居民恩格尔系数×城镇居民人口占比+农村居民恩格尔系数×农村居民人口占比	城乡居民消费总支出、城乡居民食品消费支出、城乡人口数据均来自历年《中国统计年鉴》

三、经济增长质量指数的测算方法

本节采用主成分分析法(Principal Components Analysis)来确定各分项指数在方面指数中的权重以合成方面指数，进而采用同样的方法合成总指数，对中国经济增长质量状态进行量化。

主成分分析法是一种利用降维将多指标数据转化为少数几个综合指标的数据处理方法。它广泛应用于经济学的研究领域，包括分析地区的经济发展水平、城市化水平、金融发展水平等涵盖多个维度、多个指标的经济评价体系中。不少学者也将主成分分析法应用于经济增长质量的测算中(李斌，2012；魏婕，2012；詹新宇，2016；随洪光，2017)，其测算结果得到了普遍的认可。主成分分析法之所以受到大众的青睐，是因为它将原始数据转化成几个综合指标后，仍然能反映原始数据的大部分信息，并且所含信息并不重复。这样的处理结果具有较强的可靠性，极大地方便了学者们对多维度数据的处理分析。

主成分分析法是一种矩阵变换的方法，从数学意义上讲，是把一组相关变量通过线性变换转化成另一组不相关的变量，并按照方差的大小对这一不相关的变量进行依次排列。在矩阵的线性变换中保持变量的总方差不变，然后使第一主成分具有最大的方差，第二主成分具有第二大的方差，依次类推。数学模型的简单构造如下：设 p 个变量构成 p 维随机向量 $X = (X_1, X_2, \cdots, X_P)^T$。对 X 进行正交变换，使得 $Y = T^T X$，其中 T 为正交矩阵，并且满足 Y 的各分量不具有相关性。此外，还需要保证 Y 的第一分量的方差是最大的，第二分量的方差次之，依次类推。为了保证信息不丢失，Y 的方差和必须与 X 的方差和相等。在几何意义上，主成分分析法中的正交变换，类似于一个坐标旋转。

主成分分析法的目的在于减少变量的个数，所以在实际应用中一般不会使用所有的主成分，而是选取包含大部分信息的前几个主成分。如选取包含

85%以上信息的主成分或者特征根大于 1 的主成分等等。利用 SPSS 进行主成分分析时,由于没有提供专用的主成分分析功能,只能先通过因子分析来最终实现主成分分析。简单来说就是利用因子分析法得到的因子载荷阵和相关系数矩阵的特征根来计算特征向量,然后再利用计算出的特征向量来计算主成分。

当然,由于主成分分析法提取了主要信息,所以在客观描述时会存在一些模糊性,不会像原始数据的含义那么清楚、确切。不过在面对多维度的数据时,主成分分析法仍然是一种提取信息比较有效的方法。

四、经济增长质量指数的测算步骤

我们使用主成分分析法对 21 个多维指标数据进行信息提取,并进一步对主成分分析法进行如下改进:(1)为了避免从各指标的相关系数矩阵中提取主成分可能导致的各指标变异程度差异以及信息丢失问题,我们将协方差矩阵作为主成分分析的输入,这一改变从很大程度上规避了所担心的问题。(2)采用均值化方法进行无量纲化处理,可以保证协方差矩阵能够保留各指标在离散程度上的特性,从而反映出真实的相对离散程度,避免对离散程度的低估或夸大。具体测算步骤如下:

(一)地区经济增长质量指数数据的均值化处理

考虑到基础指标的属性、单位和大小的差异对主成分分析结果准确性的影响,我们需要对基础指标进行均值化处理。第一,对各基础指标进行正向化处理。由于基础指标中不仅包含正指标,还包含逆指标和适度指标①,所以进行指标正向化处理是进一步分析的前提条件。对于正向指标,我们仍然使用

① 正指标是指数值越大越好,即指标值越高经济增长质量越高;逆指标是指数值越小越好,即指标值越低经济增长质量越高;而适度指标是指有最优值或者最优区间,并非越大越好或者越小越好。

原始数值；对于逆向指标，我们采用基础指标的倒数形式；对于适度指标，使其正向化的方式是，在找出基础指标的合意区间之后采用绝对差值的形式。第二，在正向化处理指标之后，再进行均值化处理。要想综合分析各项指标，就必须克服各项基础指标具有不同的量纲和量级这一难题，即进行无量纲化处理。各指标的方差与数量级是不相同的，如果我们直接采用原始测度指标，会造成主成分偏重于大方差和数量级的指标，这就意味着对原始数据进行无量纲化处理是一项不可或缺的步骤。极值化、标准化、均值化以及标准差化方法是我们经常使用的无量纲化处理方法。其中，普遍使用的方法是标准化。我们的各项指标在标准化方法处理后具有均值都为0、标准差都为1的特点，这种特点在一定程度抹杀了各指标在变异程度上的差异。但是经过均值化处理的数据在这些方面优于标准化，不仅可以包含各指标相互影响程度差异的信息，也可以反映原始数据中各指标变异程度的差异。基于以上原因，我们在处理各项指标数据使其无量纲化时选择采用均值化处理方法。具体做法如下：用正向化后的指标数据比各基础指标数据正向化后的均值，这样就得到了无量纲化的指标数据。

（二）地区经济增长质量指数数据的主成分分析

主成分个数的选择是主成分分析处理中的一个重要问题，现有研究认为，在运用主成分分析法进行多指标综合评价的过程中，一般在确定主成分个数时，是根据前几个主成分的累计贡献率大于某一特定值（如累计贡献率大于85%）或者主成分的特征值大于某一个数（如特征值大于1）来确定的。一些文献指出，虽然这些方法能够确定主成分的个数，但是也存在弊端，用这种方法确定的主成分的个数往往会大于1个。当确定的主成分个数是多个时，根据这些主成分按照方差贡献率的大小确定权数，加权求得综合的主成分。但综合求得的主成分所包含的信息有时不一定比第一主成分包含的信息有效。另外，如果我们仅仅按照第一主成分提取信息，则可能会出现第一主成分贡献率低于50%的情况。这种情况下第一主成分获取的信息不一定是最有效的。考虑到以上问题,我们选择以特征值大于1为标准确定主成分的个数,即在一定累计贡献率基础上尽量选择第一主成分。这样在满足一定累计贡献率的基础上,所确定的主成分个数少于以主成分累计贡献率大于85%为条件得出的主成分个数。

第三节　我国整体经济增长质量指数的测算

运用SPSS 23.0对均值化后的数据进行主成分分析,选择协方差矩阵作为主成分的输入,选取特征值大于1来确定主成分个数。分别对经济增长的条件维度、过程维度、结果维度进行主成分分析,表4—3列出了各维度的特征根和方差贡献率,可以看出,经济增长的条件维度、过程维度、结果维度确定的主成分个数均是1个。条件维度、过程维度和结果维度的第一主成分的方差贡献率分别为96.291%、78.868%和92.751%,这意味着各维度第一主成分能有效地反映原始数据信息的特点。

表4—3　全国经济增长质量各维度特征根和方差贡献率

总方差解释(条件维度)						
成分	初始特征值			提取载荷平方和		
	总计	方差百分比(%)	累计百分比(%)	总计	方差百分比(%)	累计百分比(%)
1	1.206	96.291	96.291	1.206	96.291	96.291
2	0.030	2.380	98.672	—	—	—
3	0.009	0.682	99.353	—	—	—
4	0.005	0.425	99.778	—	—	—
5	0.002	0.124	99.902	—	—	—
6	0.001	0.098	100	—	—	—

续表

总方差解释（过程维度）						
成分	初始特征值			提取载荷平方和		
	总计	方差百分比（%）	累计百分比（%）	总计	方差百分比（%）	累计百分比（%）
1	0.708	78.868	78.868	0.708	78.868	78.868
2	0.129	14.349	93.217	—	—	—
3	0.045	5.038	98.255	—	—	—
4	0.011	1.276	99.531	—	—	—
5	0.004	0.405	99.936	—	—	—
6	0.001	0.064	100	—	—	—
总方差解释（结果维度）						
成分	初始特征值			提取载荷平方和		
	总计	方差百分比（%）	累计百分比（%）	总计	方差百分比（%）	累计百分比（%）
1	0.845	92.751	92.751	0.845	92.751	92.751
2	0.027	2.977	95.728	—	—	—
3	0.019	2.078	97.806	—	—	—
4	0.013	1.480	99.286	—	—	—
5	0.004	0.424	99.711	—	—	—
6	0.002	0.179	99.889	—	—	—
7	0.001	0.056	99.945	—	—	—
8	0	0.040	99.985	—	—	—
9	0	0.015	100	—	—	—

表4—4是各维度基础指标的因子得分系数，要得到主成分因子得分系数，还需对因子得分系数进行一定的转化计算求得。具体过程为：同时根据因子得分系数矩阵和相关系数矩阵的特征根来计算特征向量，即：

$$z_{ij} = a_{ij} / \sqrt{\lambda_j} \tag{4.1}$$

其中，z_{ij}为第j个特征向量的第i个元素；a_{ij}为因子载荷矩阵第i行第j列的元素；λ_j为第j个因子对应的特征根。本节中由于各维度都只选取第一主成分作为最终的主成分,所以 j 在本节只取 1。

表 4—4　地区经济增长质量各基础指标因子得分系数

基础指标	因子得分系数	基础指标	因子得分系数
平均受教育年限	0.003531159	金融机构存贷款余额占比	0.007836786
高等教育人口比重	0.159702405	全要素生产率增长率	−0.001815688
研发支出占地区生产总值比重	0.080431199	资本生产率	−0.004051997
专利申请受理数	0.764315734	劳动生产率	0.202481322
社会保障支出占比	0.003085849	单位地区生产总值能耗	0.137092126
教育支出占比	0.002103298	单位产出大气污染程度	0.019406207
第二、第三产业产值比	0.009655467	单位产出污水排放数	0.592925301
结构偏离的泰尔指数	0.124652143	单位产出固体废弃物排放数	0.036872722
消费率	0.456133661	人口加权城乡收入比	0.018612307
投资率	0.479854928	综合恩格尔系数	0.012430268
进出口总额占比	0.021166749	—	—

根据各指标因子得分系数,我们由(4.1)式计算得到各指标的基础权重(见表 4—5)。可以看出,经济增长质量的条件维度中,专利申请受理数的权重最高,因子得分系数为 0.76,说明 1998—2015 年间中国经济增长质量条件分项上的变化主要体现在创新能力上。过程维度中,权重较高的基础指标为结构偏离的消费率和投资率,意味着消费投资结构是引起结构维度变化的主要因素。结果维度中,单位产出污水排放数和单位产出固体废弃物排放数所占的权重较高,表明结果维度上的变化更多体现在环境污染上。

表 4—5　地区经济增长质量各指标基础指标权重

基础指标	基础指标权重	基础指标	基础指标权重
平均受教育年限	0.003215464	金融机构存贷款余额占比	0.009313681
高等教育人口比重	0.145424575	全要素生产率增长率	−0.001975208
研发支出占 GDP 比重	0.073240431	资本生产率	−0.004407992

续表

基础指标	基础指标权重	基础指标	基础指标权重
专利申请受理数	0.695983824	劳动生产率	0.22027064
社会保障支出占比	0.002809966	单位地区生产总值能耗	0.149136572
教育支出占比	0.001915257	单位产出大气污染程度	0.02111117
第二、第三产业产值比	0.011475105	单位产出污水排放数	0.645017694
结构偏离的泰尔指数	0.148143677	单位产出固体废弃物排放数	0.040112233
消费率	0.542095115	人口加权城乡收入比	0.020247521
投资率	0.570286814	综合恩格尔系数	0.013522349
进出口总额占比	0.025155765	—	—

依据各指标基础权重以及均值化处理后的指标值,可以求得各维度指数。在此基础上,我们采用同样的方法求得各维度的基础权重。依据特征值大于1的标准,仍旧选择了第一主成分作为总的主成分,各维度的因子得分系数及权重见表4—6。可以看出,过程维度的权重最大,为0.24;结果维度次之,为0.20;条件维度的权重最低,为0.14。进一步说明了经济增长质量的变化主要体现在经济增长的结果上,其次经济增长的过程在很大程度上也影响着经济增长质量,而经济增长的条件变化虽然也影响着经济增长质量,但影响程度相对较低。

表4—6　地区经济增长质量指数各维度的权重

维度指标	因子得分系数	权重
条件维度	0.25407291	0.142656568
过程维度	0.421245391	0.236520383
结果维度	0.363740153	0.204232407

基于经济增长质量指数的测算方法,本节对全国经济增长质量指数进行测算,测算方法是将1998—2015年21个基础指标的全国数据进行均值化处

理，然后将经济增长质量从条件维度、过程维度和结果维度这三个维度分别考虑。将这三个维度分别进行主成分处理，得到三个维度的指数值，再将三个维度的指数值统一进行主成分处理，测算出最终的经济增长质量指数。测算结果见表4—7。

表4—7　1998—2015年全国经济增长质量指数测算结果

年份	经济增长质量的条件维度	经济增长质量的过程维度	经济增长质量的结果维度	经济增长质量的总维度指数
1998	−0.99	−1.17	−1.28	−0.72
1999	−0.93	−1.11	−1.21	−0.68
2000	−0.84	−1.00	−1.09	−0.61
2001	−0.79	−0.94	−1.03	−0.58
2002	−0.72	−0.86	−0.93	−0.52
2003	−0.64	−0.76	−0.83	−0.47
2004	−0.59	−0.70	−0.76	−0.43
2005	−0.50	−0.59	−0.65	−0.36
2006	−0.39	−0.46	−0.50	−0.28
2007	−0.27	−0.32	−0.35	−0.20
2008	−0.15	−0.17	−0.19	−0.11
2009	0.04	0.05	0.06	0.03
2010	0.31	0.37	0.40	0.22
2011	0.71	0.85	0.92	0.52
2012	1.10	1.30	1.42	0.80
2013	1.41	1.67	1.82	1.02
2014	1.40	1.66	1.81	1.02
2015	1.84	2.19	2.38	1.34

图4—1(1)和(2)给出了各指标的折线图，测算结果显示，中国经济增长质量的条件维度指数、结果维度指数和总维度指数走势基本相同，1998—2015年均呈现波动上升的趋势。经济增长质量总维度指数由1998年的−0.72上升至2015年的1.34，上升速度缓慢。经济增长质量条件维度由1998年

的-0.99上升至2015年的1.84，上升速度最快。经济增长质量的过程维度上升速度较快，由1998年的-1.17上升至2015年的2.19。经济增长质量的结果维度则由1998年的-1.28上升至2015年的2.38。

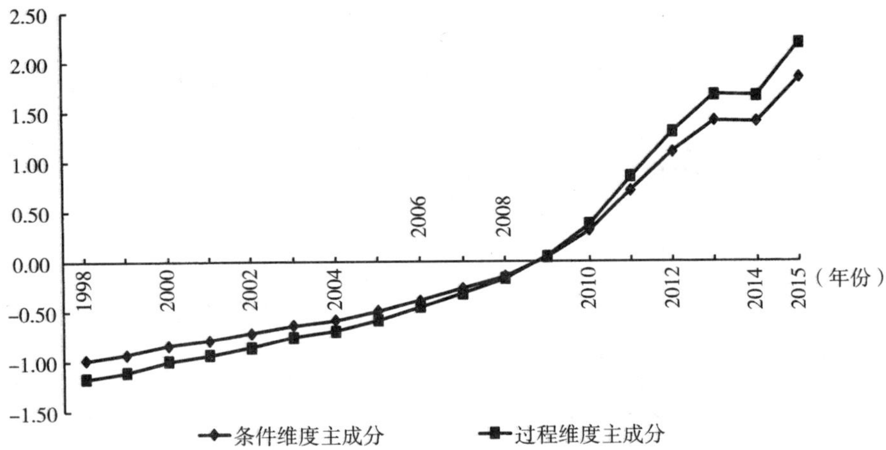

（1）

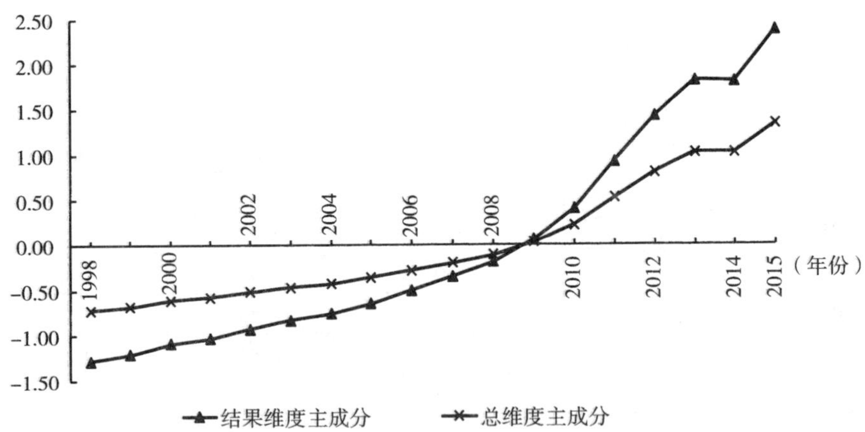

（2）

图4—1　1998—2015年经济增长质量指数及各维度的变化趋势

第四节　我国地区经济增长质量指数的测算

运用 SPSS 23.0 对均值化后的数据进行主成分分析，选择协方差矩阵作为主成分的输入，选取特征值大于 1 来确定主成分个数。分别对经济增长的条件维度、过程维度、结果维度进行主成分分析，表 4—8 列出了各维度的特征值和方差贡献率，可以看出，在特征值大于 1 的标准下，经济增长的条件维度、过程维度、结果维度确定的主成分个数均是 1 个。其中，条件维度第一主成分的方差贡献率为 76.988%，过程维度为 60.746%，结果维度为 68.813%，说明原始数据的信息能够有效地反映各维度第一主成分。

表 4—8　地区经济增长质量各维度特征根和方差贡献率表

总方差解释（条件维度）						
成分	初始特征值			提取载荷平方和		
	总计	方差百分比（%）	累计百分比（%）	总计	方差百分比（%）	累计百分比（%）
1	4.773	76.988	76.988	4.773	76.988	76.988
2	0.935	15.076	92.065	—	—	—
3	0.303	4.890	96.955	—	—	—
4	0.121	1.945	98.899	—	—	—
5	0.065	1.041	99.940	—	—	—
6	0.004	0.060	100.000	—	—	—
总方差解释（过程维度）						
成分	初始特征值			提取载荷平方和		
	总计	方差百分比（%）	累计百分比（%）	总计	方差百分比（%）	累计百分比（%）
1	2.886	60.746	60.746	2.886	60.746	60.746
2	0.744	15.658	76.404	—	—	—
3	0.580	12.217	88.621	—	—	—
4	0.368	7.741	96.362	—	—	—
5	0.133	2.803	99.165	—	—	—
6	0.040	0.835	100.000	—	—	—

续表

总方差解释（结果维度）						
成分	初始特征值			提取载荷平方和		
	总计	方差百分比（%）	累计百分比（%）	总计	方差百分比（%）	累计百分比（%）
1	3. 879	68. 813	68. 813	3. 879	68. 813	68. 813
2	0. 595	10. 558	79. 371	—	—	—
3	0. 507	9. 000	88. 371	—	—	—
4	0. 268	4. 751	93. 123	—	—	—
5	0. 217	3. 849	96. 972	—	—	—
6	0. 085	1. 504	98. 475	—	—	—
7	0. 049	0. 864	99. 340	—	—	—
8	0. 025	0. 435	99. 775	—	—	—
9	0. 013	0. 225	100. 000	—	—	—

表 4—9 是各维度基础指标的因子得分系数，要得到主成分因子得分系数，还需要将因子得分系数通过一定的转化计算求得。

表 4—9　地区经济增长质量各基础指标因子得分系数

基础指标	因子得分系数	基础指标	因子得分系数
平均受教育年限	0. 001611955	金融机构存贷款余额占比	0. 035150048
高等教育人口比重	0. 048818971	全要素生产率增长率	−0. 000492648
研发支出占 GDP 比重	0. 080176432	资本生产率	0. 000047894
专利申请受理数	0. 942512198	劳动生产率	0. 107203222
社会保障支出占比	0. 003778358	单位地区生产总值能耗	0. 059439812
教育支出占比	−0. 004215371	单位产出大气污染程度	0. 150157091
第二、第三产业产值比	0. 041659479	单位产出污水排放数	0. 425824021
结构偏离的泰尔指数	0. 52556084	单位产出固体废弃物排放数	0. 326420916
消费率	0. 001551457	人口加权城乡收入比	0. 115021533
投资率	−0. 082364432	综合恩格尔系数	0. 003849935
进出口总额占比	0. 494017293	—	—

根据各指标因子得分系数，我们由（4.1）式计算得到各指标的基础权重（见表4—10）。可以看出，经济增长质量的条件维度中，专利申请受理数的权重最高，为0.43，说明1998—2015年间中国经济增长质量条件分项上的变化主要体现在创新能力上。过程维度中，权重较高的基础指标为结构偏离的泰尔指数和进出口总额占比，意味着影响过程维度的主要因素为产业结构和国际收支结构。结果维度中，单位产出大气污染程度和单位产出污水排放数所占的权重较高，表明结果维度变化更多地体现在环境污染上。

表4—10　地区经济增长质量各指标基础指标权重

基础指标	基础指标权重	基础指标	基础指标权重
平均受教育年限	0.000740943	金融机构存贷款余额占比	0.020690823
高等教育人口比重	0.022439872	全要素生产率增长率	−0.000250136
研发支出占GDP比重	0.036853477	资本生产率	−0.000024317
专利申请受理数	0.433230204	劳动生产率	0.054431205
社会保障支出占比	0.00173674	单位地区生产总值能耗	0.030179882
教育支出占比	−0.001937615	单位产出大气污染程度	0.076240539
第二、第三产业产值比	0.024522552	单位产出污水排放数	0.216207257
结构偏离的泰尔指数	0.309367605	单位产出固体废弃物排放数	0.165736472
消费率	0.000913254	人口加权城乡收入比	0.058400862
投资率	−0.04848323	综合恩格尔系数	0.00195476
进出口总额占比	0.290799723	—	—

各维度指数由指标基础权重和均值化处理后的指标值求得。在此基础上，我们采用同样的方法求得各维度的基础权重。依据特征值大于1的标准，仍旧选择了第一主成分作为总的主成分，各维度的因子得分系数及权重见表4—11。可以看出，结果维度的权重最大，为0.9173；过程维度次之，为0.7955；条件维度的权重最低，为0.1053。进一步说明增长结果是增长质量的最主要影响因素，其次是增长过程，而增长条件对增长质量的影响相对较小。

表 4—11　地区经济增长质量指数各维度的权重

维度指标	因子得分系数	权重
条件维度	0. 065447	0. 105341
过程维度	0. 494258	0. 795537
结果维度	0. 569931	0. 917337

经济增长质量指数由各维度指数及其权重求得(见表 4—12、表 4—13)。由表 4—12、表 4—13 中结果可知,各地区增长质量指数数值大小、变动幅度及之间趋势有明显改变。总体上,2015 年北京经济增长质量值最大,为 7. 63;2005 年宁夏经济增长质量值最小,为-1. 03。在所涉期间地区增长质量的平均值近似为 0。从变动幅度上看,波动较大的地区有北京、上海、江苏、浙江、广东,变动范围均超过 2. 5。其中北京经济增长质量变动范围为[1. 27,7. 63],波动幅度达到 6. 36。变动幅度较小的地区有内蒙古、云南、青海、宁夏、新疆,波动幅度均低于 0. 5。其中青海经济增长质量变动范围为[-1. 03,-0. 88],波动幅度仅为 0. 15。从时间趋势上看,大部分地区基本处于上升趋势,上升趋势明显的地区是北京、江苏、浙江、广东。

表 4—12　1998—2006 年各地区经济增长质量指数

年份 地区	1998	1999	2000	2001	2002	2003	2004	2005	2006
北京	1. 37	1. 27	1. 50	1. 41	1. 48	1. 94	2. 57	2. 94	3. 37
天津	0. 59	0. 59	0. 69	0. 56	0. 66	0. 76	0. 99	0. 96	0. 97
河北	-0. 77	-0. 79	-0. 79	-0. 75	-0. 75	-0. 74	-0. 70	-0. 69	-0. 69
山西	-0. 89	-0. 91	-0. 88	-0. 90	-0. 89	-0. 89	-0. 85	-0. 83	-0. 82
内蒙古	-0. 65	-0. 73	-0. 73	-0. 77	-0. 81	-0. 86	-0. 86	-0. 88	-0. 86
辽宁	-0. 26	-0. 32	-0. 38	-0. 37	-0. 35	-0. 29	-0. 26	-0. 25	-0. 26
吉林	0. 03	-0. 14	-0. 48	-0. 65	-0. 63	-0. 59	-0. 58	-0. 60	-0. 60
黑龙江	-0. 69	-0. 73	-0. 76	-0. 70	-0. 63	-0. 61	-0. 50	-0. 54	-0. 50

续表

年份 地区	1998	1999	2000	2001	2002	2003	2004	2005	2006
上海	0. 69	0. 70	0. 83	0. 92	1. 18	1. 63	1. 94	2. 39	2. 94
江苏	−0. 32	−0. 30	−0. 20	0. 06	−0. 07	0. 17	0. 38	0. 53	0. 67
浙江	−0. 34	−0. 30	−0. 15	−0. 06	0. 07	0. 27	0. 49	0. 55	0. 67
安徽	−0. 71	−0. 72	−0. 76	−0. 78	−0. 75	−0. 70	−0. 65	−0. 63	−0. 59
福建	−0. 16	−0. 18	−0. 18	−0. 25	−0. 17	−0. 07	0. 03	0. 05	0. 08
江西	−0. 41	−0. 46	−0. 70	−0. 71	−0. 75	−0. 79	−0. 73	−0. 72	−0. 69
山东	−0. 60	−0. 59	−0. 58	−0. 61	−0. 51	−0. 44	−0. 39	−0. 27	−0. 20
河南	−0. 79	−0. 82	−0. 82	−0. 83	−0. 83	−0. 81	−0. 79	−0. 76	−0. 73
湖北	−0. 58	−0. 69	−0. 73	−0. 72	−0. 70	−0. 65	−0. 64	−0. 60	−0. 57
湖南	−0. 64	−0. 69	−0. 77	−0. 76	−0. 75	−0. 71	−0. 65	−0. 60	−0. 46
广东	0. 83	0. 85	0. 94	0. 85	1. 04	1. 25	1. 41	1. 60	1. 81
广西	−0. 80	−0. 83	−0. 81	−0. 82	−0. 79	−0. 83	−0. 82	−0. 80	−0. 80
海南	0. 06	−0. 02	−0. 05	0. 16	0. 19	0. 26	0. 40	0. 01	−0. 03
重庆	−0. 80	−0. 78	−0. 79	−0. 77	−0. 74	−0. 71	−0. 68	−0. 66	−0. 42
四川	−0. 87	−0. 84	−0. 87	−0. 84	−0. 82	−0. 77	−0. 77	−0. 63	−0. 61
贵州	−0. 91	−0. 97	−1. 00	−1. 02	−1. 00	−0. 96	−0. 93	−0. 89	−0. 85
云南	−0. 94	−0. 92	−0. 90	−0. 92	−0. 89	−0. 89	−0. 87	−0. 85	−0. 83
陕西	−0. 75	−0. 76	−0. 77	−0. 79	−0. 80	−0. 72	−0. 69	−0. 73	−0. 70
甘肃	−0. 89	−0. 92	−0. 93	−0. 91	−0. 91	−0. 89	−0. 85	−0. 82	−0. 79
青海	−0. 94	−0. 95	−0. 99	−1. 03	−1. 00	−0. 96	−0. 89	−0. 98	−0. 96
宁夏	−0. 93	−0. 94	−0. 99	−0. 90	−0. 91	−0. 87	−0. 83	−1. 03	−0. 97
新疆	−0. 70	−0. 66	−0. 67	−0. 73	−0. 66	−0. 61	−0. 63	−0. 58	−0. 57

表 4—13　2007—2015 年各地区经济增长质量指数

年份 地区	2007	2008	2009	2010	2011	2012	2013	2014	2015
北京	3. 77	4. 36	4. 12	4. 74	5. 51	6. 35	6. 43	6. 87	7. 63
天津	1. 04	0. 86	0. 79	0. 86	1. 47	1. 74	2. 27	2. 31	2. 55

续表

年份 地区	2007	2008	2009	2010	2011	2012	2013	2014	2015
河北	-0.63	-0.58	-0.55	-0.50	-0.45	-0.37	-0.24	-0.19	-0.04
山西	-0.76	-0.73	-0.74	-0.74	-0.64	-0.56	-0.56	-0.55	-0.48
内蒙古	-0.78	-0.72	-0.72	-0.73	-0.64	-0.62	-0.55	-0.46	-0.40
辽宁	-0.25	-0.27	-0.21	-0.13	-0.08	0.00	0.20	0.13	0.25
吉林	-0.61	-0.58	-0.57	-0.50	-0.45	-0.29	-0.20	-0.14	-0.10
黑龙江	-0.41	-0.37	-0.39	-0.30	-0.17	-0.10	-0.02	0.22	-0.10
上海	4.40	6.47	3.18	4.00	4.78	4.16	4.39	4.80	4.49
江苏	1.94	1.09	1.23	2.02	2.41	3.17	3.31	3.00	3.16
浙江	0.92	1.12	1.23	1.49	1.98	2.38	2.73	2.55	2.90
安徽	-0.57	-0.53	-0.51	-0.28	-0.29	-0.09	0.10	0.30	0.44
福建	0.09	0.08	0.05	0.14	0.44	0.45	0.55	0.72	1.01
江西	-0.63	-0.60	-0.56	-0.48	-0.40	-0.31	-0.20	-0.07	0.03
山东	-0.09	0.02	0.03	0.17	0.41	0.63	0.16	0.21	1.08
河南	-0.70	-0.65	-0.66	-0.56	-0.49	-0.35	-0.20	-0.11	0.03
湖北	-0.51	-0.45	-0.22	-0.09	-0.27	-0.12	0.00	0.15	0.33
湖南	-0.55	-0.45	-0.49	-0.42	-0.34	-0.22	-0.10	0.06	0.23
广东	1.82	1.62	1.66	1.95	2.29	2.58	2.86	2.97	3.43
广西	-0.80	-0.80	-0.82	-0.83	-0.78	-0.68	-0.50	-0.34	-0.15
海南	0.11	0.10	0.17	0.47	0.31	0.42	0.49	0.53	0.85
重庆	-0.19	-0.02	-0.56	-0.37	-0.11	0.16	0.43	0.66	0.84
四川	-0.53	-0.46	-0.41	-0.34	-0.16	0.01	0.27	0.39	0.58
贵州	-0.78	-0.67	-0.72	-0.68	-0.71	-0.64	-0.57	-0.57	-0.47
云南	-0.75	-0.75	-0.76	-0.73	-0.82	-0.75	-0.62	-0.55	-0.54
陕西	-0.69	-0.67	-0.63	-0.51	-0.35	-0.29	-0.07	-0.01	0.11
甘肃	-0.75	-0.72	-0.73	-0.61	-0.67	-0.62	-0.54	-0.49	-0.43
青海	-0.93	-0.93	-0.93	-0.91	-0.94	-0.92	-0.89	-0.88	-0.92

续表

地区＼年份	2007	2008	2009	2010	2011	2012	2013	2014	2015
宁夏	-0.96	-0.87	-1.00	-0.97	-0.99	-0.96	-0.88	-0.89	-0.93
新疆	-0.51	-0.45	-0.57	-0.53	-0.52	-0.54	-0.55	-0.51	-0.48

第五节　我国地区经济增长质量的动态演进

和第三章一样，我们使用 Matlab R2016a 软件对 1998—2015 年中国 30 个省、自治区（西藏除外）、直辖市的经济增长质量指数值进行核密度估计（见图

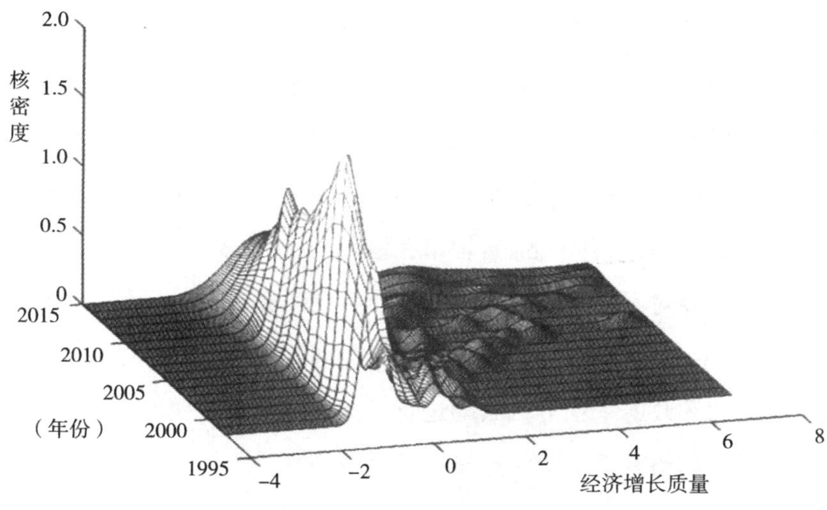

图 4—2　1998—2015 年经济增长质量的地区分布与动态演进

4—2），结果显示中国各地区增长质量水平的变化主要呈现以下特点：第一，从密度分布曲线位置的平移来看，随着年份推移，各地区经济增长质量分布整体向右移动，暗示着经济增长质量水平正在逐年提高。第二，从密度曲线的峰度特征来看，波峰高度最高、宽度最窄值出现在 2001 年，表明 2001 年各地区

经济增长质量差距最小;波峰高度最低、宽度最宽时出现在2015年,说明2015年各省份的经济增长质量差异性最大。第三,从密度曲线的峰度变化看,样本考察期内,可以分解为两部分。1998—2001年,经济增长质量总指数呈现由宽峰形向尖峰形发展的变化趋势,且变化趋势较为明显,说明这一阶段各地区经济增长质量差距正在逐步缩小;而2001—2015年,经济增长质量总指数又从尖峰形逐渐"扁平"化,尽管过程略显波动,但趋势依然明显。说明该阶段各地区增长质量差异在扩大。第四,从密度曲线的形状来看,不同于收入分配的"单峰"特征,经济增长质量每一个主峰旁边基本都出现了一个或者多个轻微"隆起"的侧峰,并且侧峰的位置右移速度加快,说明少部分地区经济增长质量较高,并且发展速度相对加快,也意味着地区间增长质量的差异性日益凸显。

进一步,为了考察经济增长质量地区分布,我们选取差异最小和最大的两个年份(2001年和2015年)进行比较分析。研究发现:我国经济增长质量表现出明显的区域性特征,西部和北部地区增长质量水平相对较低,而东南地区的省份增长质量较高。其中,北京、上海、广东、天津、浙江、江苏始终处于领跑位置;而青海、甘肃、宁夏、云南、贵州相对处在靠后位置。这种差别可能的原因有两个:一是不同省、自治区、直辖市在地理、气候以及自然禀赋等方面存在巨大差异,因而会对不同地区的经济增长质量产生影响;二是地区制度差异可能导致增长质量出现分化。因此,在后文的实证分析中,我们对劳动力禀赋、城市化、市场化和政府干预等因素均进行了控制。需要说明的是,由于西藏数据缺失,这里我们给其经济增长质量指数赋值为0。

第六节　我国地区经济增长质量的再测算

如前文所述,经济增长质量概念和测算方法的不同,使得测算结果各不一致。在实证分析中,模型结果会受到数值大范围变动的影响,小到改变模型回归系数的数值,大到改变其方向。为了验证理论模型的可靠性,我们设计了另一组包含 3 个维度、34 个基础指标的经济增长质量指标体系。如表 4—14 所示，依然是从经济增长质量的条件、过程、结果维度去构建。基础指标由原来的 21 个扩展到 34 个，涵盖内容更加全面。分项指标上，经济增长的条件维度由能力素质、协调素质、交通素质来进行评价；过程维度由产业结构、消费投资结构、城乡二元结构、国际收支结构、金融结构五个方面进行测度；结果维度则由增长效率、资源消耗、环境污染和成果分享四个层面进行度量。总体上，除了经济增长的条件维度做了一些调整，由原来的人力资本、创新能力、协调能力改为能力素质、协调素质、交通素质，过程维度增加了城乡二元结构分项，其他基本保持一致。

表 4—14　我国地区经济增长质量指数基础指标构成（34 个基础指标）

方面指数	分项指标	基础指标	计量单位	指标属性		
				正指标	逆指标	适度指标
经济增长的条件	能力素质	平均受教育年限	%	√	—	—
		高等教育人口比重	—	√	—	—
		研发支出占地区生产总值比重	—	√	—	—
		技术市场成交额	—	√	—	—
		专利申请受理数	%	√	—	—
		专利申请授权数	—	√	—	—
		老年抚养比	—	—	√	—
	协调素质	一般公共服务支出/财政支出	%	—	√	—
		社会保障支出/财政支出	%	√	—	—
		教育支出/财政支出	—	√	—	—
	交通素质	铁路货运量	万吨	√	—	—
		铁路客运量	万人	√	—	—
		公路货运量	万吨	√	—	—
		公路客运量	万人	√	—	—

续表

方面指数	分项指标	基础指标	计量单位	指标属性		
				正指标	逆指标	适度指标
经济增长的过程	产业结构	第三产业产值/第二产业产值	—	√	—	—
		结构偏离的泰尔指数	—	—	√	—
	消费投资结构	消费率	%	—	—	√
		投资率	%	—	—	√
	城乡二元结构	二元对比系数	—	√	—	—
		二元反差指数	—	—	√	—
	国际收支结构	进出口总额/地区生产总值	—	√	—	—
	金融结构	金融机构存款余额/地区生产总值	—	√	—	—
		金融机构贷款余额/地区生产总值	—	√	—	—
经济增长的结果	增长效率	全要素生产率增长率	—	√	—	—
		资本生产率	—	√	—	—
		劳动生产率	—	√	—	—
	资源消耗	单位地区生产总值能耗	—	—	√	—
		单位地区生产总值电耗	—	—	√	—
	环境污染	单位产出大气污染程度	倍数	—	√	—
		单位产出污水排放数	倍数	—	√	—
		单位产出固体废弃物排放数	倍数	—	√	—
	成果分享	人口加权城乡收入比	—	—	√	—
		城市恩格尔系数	—	—	√	—
		农村恩格尔系数	—	—	√	—

我们希望从更改经济增长质量指标体系的视角对实证模型进行稳健性分析,因此按照控制变量法的基本思路,除了更改经济增长质量指标体系外,数据处理方法和前文保持一致。由于均值化处理和主成分分析操作步骤与前文

相同，所以本部分不再赘述，只汇报最终用于稳健性分析的经济增长质量测算结果，具体见表 4—15、表 4—16。

与上节的增长质量测算结果相比，本节在数值上存在显著差别。第一，从基本信息看，经济增长质量数值最大值是 2015 年的北京，具体值为 11.13；数值最小值是 1999 年的山西，具体值为-1.51。第二，从波动范围讲，由 34 个基础指标构建的经济增长质量指数波动范围更大。从各地区的波动幅度看，波动幅度较大的地区依然是北京、上海、江苏、浙江、广东，波动幅度均超过 3.0。波动幅度较小的地区是山西、贵州、甘肃、新疆，波动幅度均低于 1.0。第三，从波动趋势上看，大部分地区基本处于上升趋势，并且比由 21 个基础指标构建的经济增长质量上升趋势明显。显然，两种方式设计的经济增长质量指标体系导致最终测算的指数存在一定程度的差别。这也意味着要想验证实证模型的可靠性，首先需要验证经济增长质量指数的可靠性。

表 4—15　1998—2006 年经济增长质量指数的再测算

年份 地区	1998	1999	2000	2001	2002	2003	2004	2005	2006
北京	1.78	1.65	1.35	1.45	1.81	2.26	2.97	3.25	3.36
天津	0.88	0.72	0.81	0.61	0.62	0.86	1.18	0.88	0.84
河北	−1.13	−1.16	−1.23	−1.28	−1.30	−1.26	−1.19	−1.08	−1.07
山西	−1.38	−1.51	−1.40	−1.44	−1.43	−1.36	−1.28	−1.23	−1.20
内蒙古	−1.12	−1.26	−1.36	−1.42	−1.40	−1.18	−1.05	−0.86	−0.92
辽宁	−0.76	−0.78	−0.90	−0.89	−0.91	−0.95	−0.74	−0.53	−0.52
吉林	−0.86	−0.91	−1.13	−1.13	−1.08	−1.00	−0.92	−0.77	−0.55
黑龙江	−1.16	−1.11	−1.05	−1.03	−1.01	−0.87	−0.77	−0.83	−0.89
上海	0.85	0.89	0.77	0.86	1.13	1.66	2.00	2.48	3.04
江苏	−0.40	−0.36	−0.19	−0.34	−0.20	0.10	0.26	0.30	0.32
浙江	−0.03	−0.05	−0.04	−0.01	0.21	0.55	0.81	0.84	0.81
安徽	−1.08	−1.08	−1.04	−1.10	−1.08	−1.06	−0.95	−0.95	−0.87
福建	−0.44	−0.45	−0.39	−0.62	−0.54	−0.38	−0.27	−0.26	−0.13

续表

地区＼年份	1998	1999	2000	2001	2002	2003	2004	2005	2006
江西	−0. 79	−0. 84	−1. 12	−1. 12	−1. 14	−1. 09	−0. 91	−0. 89	−0. 77
山东	−0. 87	−0. 86	−0. 83	−0. 95	−0. 85	−0. 76	−0. 64	−0. 47	−0. 44
河南	−1. 11	−1. 14	−1. 17	−1. 23	−1. 22	−1. 20	−1. 08	−0. 94	−0. 84
湖北	−0. 80	−0. 87	−0. 91	−0. 97	−1. 00	−0. 99	−0. 87	−0. 86	−0. 85
湖南	−0. 81	−0. 84	−0. 84	−0. 88	−0. 93	−0. 91	−0. 93	−0. 85	−0. 51
广东	0. 77	0. 79	0. 80	0. 73	0. 94	1. 11	1. 24	1. 50	1. 83
广西	−1. 24	−1. 23	−1. 20	−1. 26	−1. 24	−1. 31	−1. 32	−1. 13	−1. 10
海南	0. 62	0. 65	0. 47	0. 91	0. 83	1. 05	1. 09	0. 71	0. 73
重庆	−1. 03	−1. 05	−1. 16	−1. 00	−0. 86	−0. 64	−0. 56	−0. 52	−0. 25
四川	−1. 19	−1. 17	−1. 14	−1. 11	−1. 11	−1. 01	−1. 00	−0. 89	−0. 82
贵州	−1. 20	−1. 14	−1. 14	−1. 02	−1. 05	−1. 04	−1. 12	−1. 12	−1. 18
云南	−1. 42	−1. 42	−1. 37	−1. 32	−1. 41	−1. 27	−1. 24	−1. 15	−1. 20
陕西	−1. 22	−1. 25	−1. 17	−1. 14	−1. 16	−1. 01	−1. 00	−0. 97	−0. 85
甘肃	−1. 45	−1. 43	−1. 49	−1. 36	−1. 36	−1. 38	−1. 31	−1. 34	−1. 34
青海	−1. 16	−1. 17	−1. 14	−1. 01	−0. 85	−0. 84	−0. 92	−0. 97	−1. 05
宁夏	−1. 25	−1. 17	−1. 36	−1. 06	−0. 96	−0. 88	−0. 78	−0. 82	−0. 81
新疆	−0. 63	−0. 84	−0. 90	−0. 83	−0. 79	−0. 60	−0. 57	−0. 59	−0. 69

表 4—16　2007—2015 年经济增长质量指数的再测算

地区＼年份	2007	2008	2009	2010	2011	2012	2013	2014	2015
北京	3. 69	4. 33	4. 36	4. 83	5. 88	7. 46	7. 90	8. 68	11. 13
天津	1. 13	1. 30	1. 58	1. 62	2. 55	2. 89	3. 70	3. 74	4. 06
河北	−1. 00	−0. 86	−0. 80	−0. 77	−0. 69	−0. 60	−0. 46	−0. 39	−0. 33
山西	−1. 17	−1. 08	−0. 81	−0. 78	−0. 87	−0. 72	−0. 58	−0. 54	−0. 59
内蒙古	−0. 88	−0. 83	−0. 64	−0. 60	−0. 54	−0. 36	−0. 09	−0. 35	−0. 34
辽宁	−0. 49	−0. 46	−0. 32	−0. 26	−0. 15	−0. 12	0. 17	0. 13	−0. 17
吉林	−0. 31	−0. 01	0. 00	0. 01	0. 05	−1. 40	0. 43	0. 56	0. 58
黑龙江	−0. 76	−0. 64	−0. 61	−0. 45	−0. 28	−0. 14	0. 28	0. 42	0. 49

续表

地区＼年份	2007	2008	2009	2010	2011	2012	2013	2014	2015
上海	4.74	7.01	3.95	4.90	6.20	6.41	5.98	6.94	6.78
江苏	3.74	0.75	1.03	1.74	1.69	2.76	2.17	2.13	2.45
浙江	1.09	1.31	1.63	2.07	2.44	3.26	3.11	2.99	3.38
安徽	-0.88	-0.82	-0.76	-0.60	-0.59	-0.44	-0.15	0.12	-0.03
福建	0.00	0.11	0.16	0.21	0.94	0.90	1.05	1.55	1.71
江西	-0.69	-0.62	-0.55	-0.52	-0.46	-0.33	-0.20	-0.05	0.05
山东	-0.33	-0.20	-0.10	0.04	0.15	0.57	0.43	0.49	0.76
河南	-0.68	-0.50	-0.33	-0.14	-0.20	0.03	0.18	0.26	0.43
湖北	-0.70	-0.53	-0.13	0.08	-0.24	0.02	0.16	0.33	0.51
湖南	-0.66	-0.39	-0.36	-0.23	-0.15	0.06	0.27	0.56	0.64
广东	1.81	1.64	1.75	1.97	2.28	2.73	2.99	3.37	3.76
广西	-0.97	-0.76	-0.43	-0.21	-0.16	0.02	-0.17	-0.08	0.10
海南	0.87	0.82	1.19	1.70	1.05	1.59	1.56	1.70	1.99
重庆	-0.01	0.21	-0.32	-0.15	0.06	0.38	0.63	0.93	1.21
四川	-0.72	-0.57	-0.44	-0.53	-0.35	-0.19	-0.02	0.09	0.39
贵州	-1.26	-1.19	-1.15	-1.13	-1.14	-0.90	-0.81	-0.71	-0.53
云南	-1.32	-1.11	-0.92	-0.60	-0.65	-0.45	-0.32	-0.07	0.05
陕西	-0.69	-0.64	-0.47	-0.39	-0.22	-0.09	-0.06	-0.03	0.01
甘肃	-1.31	-1.19	-1.01	-0.96	-1.07	-0.97	-0.85	-0.78	-0.59
青海	-1.11	-1.12	-0.83	-0.66	-0.72	-0.50	0.26	0.47	0.51
宁夏	-0.93	-0.58	-0.28	-0.43	-0.70	-0.53	-0.46	-0.04	0.19
新疆	-0.69	-0.71	-0.72	-0.63	-0.66	-0.43	-0.26	-0.16	-0.04

进一步,我们将这两种经济增长质量指数进行相关性分析,分析结果表明两种经济增长质量相关性系数高达0.976(见表4—17)。表4—17中经济增长质量指数a是指含21个基础指标的测算值,经济增长质量指数b是指含34个基础指标的测算值。相关性检验中,P值显著为0,说明在1%置信度下通过相关性检验。两种经济增长质量指数存在高度相关也暗示着至少在指标体

系的构建上，尽管指数存在差别，但一定程度上指数构建仍然是可靠的。

表 4—17 皮尔逊（Pearson）相关性分析

		经济增长质量指数 *a*	**经济增长质量指数 *b***
经济增长质量指数 *a*	皮尔逊相关性	1	0.976**
	显著性（双侧）	—	0
	样本数 *N*	540	540
经济增长质量指数 *b*	皮尔逊相关性	0.976**	1
	显著性（双侧）	0	—
	样本数 *N*	540	540

注：** 表示在 5%显著水平上显著。

第五章　我国要素收入分配结构影响经济增长质量的实证分析

第一节　我国要素收入分配结构影响经济增长质量的计量模型设定

国民初次收入分配中，劳动要素收入、资本要素收入以及政府要素收入彼此联系，相互制约，并通过三大机制共同作用于经济增长质量。然而政府收入在国民初次收入分配中的比重最小，其波动幅度远不及劳动收入份额和资本收入份额。政府的作用更多体现在国民收入再分配上，因此在研究要素收入分配结构对经济增长质量的影响中，我们把目光更多地投放到劳动收入份额与资本收入份额中。考虑到二者此消彼长的关系，如果验证了劳动收入份额对中国经济增长质量的正向激励作用，那么可以反向说明资本收入份额对经济增长质量的阻碍作用。因此，本章重点分析要素收入偏向劳动时（即劳动收入份额增加）对中国经济增长质量的影响。

为了检验劳动收入份额对中国经济增长质量的影响，基于本书第三章理论分析的基本思路，在充分借鉴现有研究和考虑数据可得性的基础上，我们将基本计量模型构建如下：

$$QEG_{it} = \beta_0 + \beta_1 LIS_{it} + \lambda X_{it} + \varepsilon_{it} \qquad (5.1)$$

(5.1)式中,下标 i 为各个省市的标识($i=1,2,\cdots,30$),下标 t 代表各个年份的标识($t=1998,1999,\cdots,2013,2014,2015$), QEG_{it} 为 i 在 t 年份的经济增长质量水平, LIS_{it} 代表劳动收入份额, X_{it} 为影响经济增长质量 QEG 的其他变量, ε_{it} 为随机误差项,且服从独立同分布。对于中国这样正处在转型时期的发展中国家而言,除劳动收入份额之外,经济增长质量还受到市场化进程、城市化程度、政府财政能力等因素的影响。为此,可将(5.1)式展开为如下形式:

$$QEG_{it}=\beta_0+\beta_1 LIS_{it}+\beta_2 mar_{it}+\beta_3 urb_{it}+\beta_4 gov_{it}+\beta_5 inf_{it}+\beta_6 pop_{it}+\beta_7 pri_{it}+\beta_8 res_{it}+\varepsilon_{it} \tag{5.2}$$

(5.2)式中, mar_{it} 、urb_{it} 、gov_{it} 、inf_{it} 、pop_{it} 、pri_{it} 、res_{it} 分别表示市场化进程、城市化程度、政府财政能力、基础设施建设、劳动力禀赋、物价水平与人口约束。

鉴于中国经济增长质量的分布呈现明显的区域性特征,在考察劳动收入份额对经济增长的影响时还需要引入"空间相关"的概念。为了刻画地理空间的交互作用,我们进一步构建空间计量模型。考虑到仅含内生交互效应的空间自回归模型(SAR)相对具有局限性,我们采用同时含内生与外生交互效应的空间杜宾模型(SDM)进行分析。在空间滞后项的选择上,由于物价水平 pri 不仅会影响本地区的经济增长质量,还会通过影响相邻地区物价水平进而影响相邻地区的经济增长质量,我们选择物价水平 pri 作为空间滞后的解释变量。另外,空间权重的选择是空间计量模型中的核心问题,本章拟用地理距离权重($W1$)、经济距离权重($W2$)和经济地理距离权重($W3$),充分考察在不同空间权重下劳动收入份额对经济增长质量的影响。其中,地理距离权重用省会间距离倒数测度,经济距离权重以地区间人均实际 GDP 年均值的绝对差值的倒数度量,而地理经济距离权重则通过地理距离与经济距离加权求得,权重各为 0.5。具体空间计量回归模型设定如下:

$$QEG_{it}=\beta_0+\beta_1 LIS_{it}+\lambda X_{it}+\rho_1\sum_{i=1}^{N}(W_{ij}\,QEG_{it})+\rho_2\sum_{i=1}^{N}(W_{ij}\,pri_{it})+\varepsilon_{it} \tag{5.3}$$

(5.3)式中，W_{ij} 为空间权重矩阵。

第二节　我国要素收入分配结构影响经济增长质量的变量选择与数据说明

劳动收入份额是本章计量模型中的核心解释变量，准确测算中国劳动收入份额对经验检验结果的可靠性与有效性具有极为深刻的影响。第四章中，我们已经测算了1992—2015年全国及各地区劳动收入份额。这里，我们选取1998—2015年各地区劳动收入份额进行实证检验。

除了劳动收入份额，我们试图控制以下因素对经济增长质量的影响，控制变量包括：市场化进程（*mar*）用各省份非国有企业工业产值占比表示；城市化程度（*urb*）用各省份城镇人口占总人口的比重表示；政府财政能力（*gov*）用各省份财政支出占GDP的比重表示；基础设施（*inf*）用各省份单位国土面积的公路里程数表示；劳动力禀赋（*pop*）用各省份老年人口抚养比表示；物价水平（*pri*）用各省份通货膨胀率表示；人口约束（*res*）用各省份人口死亡率表示。

本章的样本数据共包含中国大陆除西藏外的30个省、自治区、直辖市，时间起止为1998—2015年，以上变量的相关数据主要来源于历年《中国统计年鉴》《中国工业经济统计年鉴》《中国人口和就业统计年鉴》。表5—1为相关变量描述性统计。

表5—1　要素收入分配结构对经济增长质量影响主要变量的描述性统计

变量	观测值	平均值	标准差	最小值	最大值
QEG	540	4.3299	1.3030	−1.0321	7.6302
LIS	540	46.4476	6.1008	31.72411	65.2693
mar	540	53.49537	21.1525	10.0000	90.1480
urb	540	47.3238	15.9175	14.9346	91.8910

续表

变量	观测值	平均值	标准差	最小值	最大值
gov	540	18. 1704	8. 6780	5. 6765	62. 6863
inf	540	62. 6416	44. 7009	1. 9759	208. 2019
pop	540	11. 9986	2. 5245	6. 1300	21. 8800
pri	540	15. 3099	16. 0896	-4. 8456	70. 59765
res	540	6. 0529	0. 6991	4. 2100	7. 9800

资料来源:笔者基于 Stata 软件估计。

第三节　我国要素收入分配结构影响经济增长质量的经验检验

为了更好地理解劳动收入份额与经济增长质量之间的关系,我们首先进行不含空间效应的固定效应、随机效应、最小二乘虚拟变量(LSDV)估计和系统广义矩估计(GMM)。

一、要素收入分配结构影响经济增长质量的基本估计方法

在面板数据中,会出现个体异质性的截距项 u_i 与某个解释变量相关的情况,此时我们将模型称为"固定效应模型"。其参数估计中,不能直接采用最小二乘估计(OLS)方法,因为得到的结果不具有一致性。通常的做法是将原模型进行离差或者差分等形式转换以消去 u_i ,之后再利用最小二乘估计法进行一致性估计求解模型参数。与其相对应的另一种情况,即个体异质性的截距项 u_i 与所有解释变量都不相关,此时我们称之为"随机效应模型"。随机效应模型中,尽管最小二乘估计的估计结果是一致的,但扰动项由(u_i $+\varepsilon_i$)组成,并不是球型扰动项,因此最小二乘估计并不是最有效的。解决上述问题的求解过程相对比较复杂,需要利用最小二乘估计的残差得到($\sigma_u^2+\sigma_\varepsilon^2$),再结合

广义最小二乘估计原模型。

若在面板模型中，引入（$n-1$）个虚拟变量（没有截距项则引入 n 个）来代表不同的个体，我们将这种方法叫作“最小二乘虚拟变量模型”（简称“LSDV 估计”）。一般情况下，最小二乘虚拟变量估计与固定效应估计结果是相同的，就如同线性回归与离差形式的回归在某种意义上是等价的。但如果作完最小二乘虚拟变量估计后发现某些个体的虚拟变量不显著而将其删去，则其结果与固定效应模型会有差别。最小二乘虚拟变量估计一般适合在样本量（N）比较小的面板模型中，因为如果太大，就须在回归方程中引入很多虚拟变量，可能超出计量软件所允许的解释变量个数。

系统广义矩估计主要用于处理动态面板数据。它是将差分广义矩估计与水平广义矩估计结合在一起的估计。其中，差分广义矩估计是将动态面板进行一阶差分，然后用$\{y_{i,t-2}, y_{i,t-3}, \cdots\}$作为差分变量$\Delta y_{i,t-1}$的工具变量，最后进行广义矩估计。而水平广义矩估计则是将差分变量$\{\Delta y_{i,t-1}, \Delta y_{i,t-2}, \cdots\}$作为水平变量 $y_{i,t-1}$ 的工具变量进行广义矩估计。相较于差分广义矩估计，系统广义矩估计提高了模型估计效率，而且还能估计不随时间变化的变量 z_i 的系数，但必须额外地假定$\{\Delta y_{i,t-1}, \Delta y_{i,t-2}, \cdots\}$与 u_i 无关。使用系统广义矩估计的前提包括：扰动项$\{\varepsilon_{it}\}$不存在自相关；而且$\{\Delta y_{i,t-1}, \Delta y_{i,t-2}, \cdots\}$与个体效应 u_i 不相关。$\{\Delta y_{i,t-1}, \Delta y_{i,t-2}, \cdots\}$与个体效应 u_i 不相关这一前提条件目前尚无法进行严格的统计检验，只能根据经济常识判断经济变量是否在稳态附近。总之，在进行系统广义矩估计模型回归后，需要进行扰动项$\{\varepsilon_{it}\}$的自相关检验，以及工具变量的过度识别检验，以判定系统广义矩估计的可行性。

二、要素收入分配结构影响经济增长质量的基础回归

为了更好地理解劳动收入份额与经济增长质量之间的关系，我们首先进行不含空间效应的固定效应、随机效应、最小二乘虚拟变量估计和系统广义矩

估计。表 5—2 的前两列分别汇报了固定效应和随机效应模型。豪斯曼(Hausman)检验中,*P* 值为 0,因此固定效应更优。固定效应模型中,劳动收入份额在 1%置信度下显著为正,其对应系数值是 0. 0135,表明劳动收入份额每提高一个百分点,经济增长质量指数就会相应提高 0. 0135。表 5—2 第三列汇报了含个体效应的最小二乘虚拟变量模型,尽管系数值与显著性和固定效应一致,但拟合优度提高到 0. 888。LSDV 估计结果显示大部分个体虚拟变量均非常显著,而劳动收入份额在 1%置信度下显著为正。劳动收入份额系数值是 0. 0135,和固定效应模型估计的系数值相同。考虑到经济增长质量具有较强的趋势继承性,表 5-2 第四列进一步汇报包含经济增长质量滞后项的系统广义矩估计结果。由于在 5%的显著性水平上,我们接受"扰动项差分的二阶自相关系数为 0"的假设,并且 *Sargan* 检验的 *P* 值为 1,我们无法拒绝"所有工具变量均有效"的原假设,所以系统广义矩估计可以适用。结果显示,在 10%的置信度下劳动收入份额系数显著为正。劳动收入份额的系数值为 0. 0026,比前三种回归模型的数值都要低,但经济增长质量滞后一期的系数值达到 0. 792。说明经济增长质量的变化在很大程度上取决于过去的状态,由于惯性调整的存在,所以弱化了劳动收入份额的解释力。但劳动收入份额的系数仍然显著为正,可以看出,计量模型很好地验证了前文理论分析的结论,即劳动收入份额的提高会对我国经济增长质量产生正向影响。

表 5—2　我国要素收入分配结构影响经济增长质量的基础回归结果

变量	被解释变量:经济增长质量			
	模型 1	模型 2	模型 3	模型 4
估计方法	固定效应	随机效应	LSDV	系统 GMM
L.QEG	—	—	—	0. 792*** (0. 0180)
LIS	0. 0135*** (0. 00513)	0. 0133** (0. 00521)	0. 0135*** (0. 00513)	0. 0026* (0. 00148)

续表

变量	被解释变量:经济增长质量			
	模型 1	模型 2	模型 3	模型 4
估计方法	固定效应	随机效应	LSDV	系统 GMM
mar	−0. 0120 *** (0. 00288)	−0. 00908 *** (0. 00276)	−0. 0120 *** (0. 00288)	0. 00463 *** (0. 00165)
urb	0. 00445 * (0. 00265)	0. 00953 *** (0. 00264)	0. 00445 * (0. 00265)	0. 00578 *** (0. 00165)
gov	−0. 0215 *** (0. 00782)	−0. 0282 *** (0. 00743)	−0. 0215 *** (0. 00782)	−0. 0190 *** (0. 00598)
inf	0. 0114 *** (0. 00107)	0. 0120 *** (0. 00108)	0. 0114 *** (0. 00107)	0. 00460 *** (0. 000757)
pop	−0. 0756 *** (0. 0162)	−0. 0582 *** (0. 0164)	−0. 0756 *** (0. 0162)	−0. 0327 *** (0. 00241)
pri	0. 0229 *** (0. 00342)	0. 0193 *** (0. 00351)	0. 0229 *** (0. 00342)	0. 00311 *** (0. 00102)
res	−0. 144 ** (0. 0567)	−0. 212 *** (0. 0562)	−0. 144 ** (0. 0567)	−0. 0344 *** (0. 00889)
_cons	0. 906 * (0. 484)	0. 864 * (0. 495)	0. 906 * (0. 484)	0. 0603 (0. 120)
AR(2)	—	—	—	−1. 2002
—	—	—	—	(0. 2301)
P(*Sargan*)	—	—	—	23. 07716
—	—	—	—	(1. 0000)
N	540	540	540	510
R^2	0. 551	—	0. 888	—
Hausman test	*P* − *value forHausman test*:0		—	—
F	77. 07	—	77. 07	—

注:*、**、*** 分别表示在 10%、5%、1%显著水平上显著;括号内数值为标准误差;二阶序列相关检验[即 *AR*(2)检验]和 *Sargan* 检验的第一行列出了对应检验的统计量值,第二行列出了对应的*P* 值。
资料来源:笔者基于 Stata 软件估计。

控制变量中, *urb* 、*inf*、*pri* 的系数均显著为正,而 *gov* 、*pop* 、*res* 的系数均为负,说明现阶段城市化程度的提高、交通条件的改善、物价水平的温和上升可以促进经济增长质量的提升，而政府支出的增加、老年抚养比的提高以及人口死亡率的提升则会阻碍经济增长质量的上升。值得注意的是，回归结果中政府支出与经济增长质量存在负向关系，其可能的原因是政府支出占比增加意味着政府规模的扩张，对私人投资产生“挤占效应”，从而降低了经济增长质量（杨子晖，2011）。此外，回归结果中市场化程度 *mar* 的系数呈现出不一致的情况，即在固定效应、随机效应和最小二乘虚拟变量回归模型下显著为负，而在系统广义矩估计情况下显著为正。其原因可能是由于动态回归使用滞后项作为工具变量，控制了内生性，同时扩展了解释变量的范围，因而提高了识别的准确性（随洪光、段鹏飞、高慧伟、周瑾，2017）。因此，市场化程度对经济增长质量有促进作用。

第四节　我国要素收入分配结构影响经济增长质量的空间效应分析

显然，基准模型有力地支持了本书的核心假说。进一步，我们采用空间计量模型，探讨空间效应下劳动收入份额对经济增长质量的影响。

一、要素收入分配结构影响经济增长质量的空间计量方法

通常，经济现象在地域之间存在广泛的联系，距离越近的省份联系越密切。很多学者逐渐将这种横截面单位之间的空间依赖性纳入计量经济学的研究中，将这种研究范式称为“空间计量经济学”。空间计量研究首先需要确定空间权重，这也是其核心。为了保证结果的可靠性，研究中常常选择多种空间权重的方式进行回归分析。以往的经验研究中，空间权重选择的形式主要有：（1）邻接矩阵。（2）地理距离矩阵。（3）经济距离矩阵。（4）经济地理距离矩阵。每种矩阵形式下会衍生出多种计算方法，主要取决于研究内容和目的。

确定权重后，需要确定空间依赖性的存在与否。如果不存在，用标准的计

量方法即可;如果存在,则可使用空间计量方法。一般测度空间计量的指数有“莫兰指数 I”“吉尔里指数 C”“Getis-Ord 指数 G”。I 与 C 不仅数值上存在差别,方向上也呈现反向变动。相比于前两种测算相关性的指数,Getis-Ord 指数 G 在识别相关性正负的基础上,还具备区分“热点”区域和“冷点”区域的功能。在实证研究中,如果需要分别“热点”区域和“冷点”区域,那么可以选择 Getis-Ord 指数 G。一般情况下,莫兰指数 I 较为常用。

类似于标准的计量回归方法,检验完空间相关性的存在后,需要考虑空间计量回归模型的使用。空间回归模型中包括“空间自回归模型”、“空间杜宾模型”以及“空间误差模型”(SEM)。SAR 单纯考虑了内生交互效应,即考虑了被解释变量的空间依赖性。SDM 从外生交互效应的视角分析空间相关性,认为被解释变量的变化受到相邻自变量的影响。通常 SDM 也会默认加入内生交互效应,将空间相关性拓展为含被解释变量自身的空间影响以及含部分解释对解释变量的空间影响。不同于 SAR 与 SDM,SEM 显示扰动项 u_i 存在空间依赖性。暗含着没有包含在解释变量中但对被解释变量有影响的遗漏变量存在空间相关性,或者不可观测的随机冲击存在空间相关性。

空间计量模型的不足之处在于需要主观设定空间权重矩阵,而后者无法反映地区间复杂的相互关系。方法上,主要使用极大似然估计(MLE),但在空间计量中,MLE 的大样本理论仍然需要完善。

二、要素收入分配结构影响经济增长质量的空间效应分析

如前文所述,我们使用 SDM 模型进行回归分析。选取物价水平 *pri* 作为解释变量的空间滞后项,*W*1、*W*2、*W*3 分别表示地理距离矩阵、经济距离矩阵、经济地理空间矩阵。表 5—3 显示了三种空间权重矩阵下的 SDM 模型估计结果,结果显示,空间滞后系数 ρ 在 *W*1、*W*2、*W*3 下均显著为正,说明中国经济增长质量确实存在明显的空间自相关性。空间滞后项 *pri* 系数显著为正,但是

pri 本身系数显著为负，这意味着本地区的物价水平上升会降低本地区的经济增长质量，而其他地区的物价水平上涨则会促进本地区经济增长质量提升，其可能的原因是：一方面，当物价水平上升时，实际利率下降，投资增加，尤其是基建投资增加，这会对研发活动、产业结构、资源环境等产生负面影响，从而降低经济增长质量；另一方面，物价水平变动会影响要素在地区间的流动，当其他地区的物价水平上升时，劳动要素和资本要素均倾向于向物价水平偏低的地区流动，从而带来本地区的经济增长质量改善。核心变量劳动收入份额在5%的置信度下均显著为正，同样证实了其对经济增长质量的正向激励作用。

表 5—3　我国要素收入分配结构影响经济增长质量的回归结果（空间效应 SDM 模型）

变量	模型 1	模型 2	模型 3	模型 4	模型 5	模型 6
空间权重	*W*1	*W*1	*W*2	*W*2	*W*3	*W*3
估计方法	固定效应	随机效应	固定效应	随机效应	固定效应	随机效应
LIS	0.00937** (−0.00461)	0.00979** (−0.00471)	0.00852** (−0.00434)	0.00903** (−0.00443)	0.00937** (−0.00447)	0.00987** (−0.00456)
mar	−0.0121*** (−0.00257)	−0.0110*** (−0.0026)	−0.0118*** (−0.00248)	−0.0104*** (−0.00249)	−0.0121*** (−0.00253)	−0.0108*** (−0.00254)
urb	0.00337 (−0.00237)	0.00474* (−0.00244)	0.00375* (−0.00225)	0.00494** (−0.0023)	0.00352 (−0.00231)	0.00478** (−0.00237)
gov	0.00314 (−0.00751)	−0.00103 (−0.00759)	0.00394 (−0.007)	−0.000235 (−0.00703)	0.00604 (−0.00724)	0.00189 (−0.0073)
inf	0.00727*** (−0.00105)	0.00767*** (−0.00108)	0.00765*** (−0.001)	0.00812*** (−0.00102)	0.00712*** (−0.00103)	0.00756*** (−0.00105)
pop	−0.0738*** (−0.0144)	−0.0683*** (−0.0148)	−0.0692*** (−0.0136)	−0.0636*** (−0.014)	−0.0704*** (−0.014)	−0.0648*** (−0.0144)
pri	−0.0566*** (−0.00903)	−0.0538*** (−0.00925)	−0.0419*** (−0.00842)	−0.0385*** (−0.0086)	−0.0509*** (−0.00898)	−0.0474*** (−0.00919)
res	−0.0943* (−0.0508)	−0.117** (−0.0519)	−0.115** (−0.0478)	−0.137*** (−0.0487)	−0.104** (−0.0493)	−0.126** (−0.0503)
_cons	—	0.690 (−0.477)	—	1.021** (−0.445)	—	0.860* (−0.461)

续表

变量	模型 1	模型 2	模型 3	模型 4	模型 5	模型 6
空间权重	*W*1	*W*1	*W*2	*W*2	*W*3	*W*3
估计方法	固定效应	随机效应	固定效应	随机效应	固定效应	随机效应
W. pri	0. 0751*** (−0. 00922)	0. 0713*** (−0. 00944)	0. 0515*** (−0. 00807)	0. 0469*** (−0. 00827)	0. 0600*** (−0. 00896)	0. 0553*** (−0. 00917)
W. QEG	0. 212** (−0. 107)	0. 209* (−0. 108)	0. 588*** (−0. 0623)	0. 596*** (−0. 0617)	0. 552*** (−0. 0817)	0. 563*** (−0. 0808)
N	540	540	540	540	540	540
R^2	0. 212	0. 285	0. 194	0. 281	0. 184	0. 263

注：*、**、*** 分别表示在 10%、5%、1%显著水平上显著；括号内数值为标准误差。
资料来源：笔者基于 Stata 软件估计。

空间效应的存在使得各影响因素对本地区和相邻地区的经济增长质量都会产生影响，并且通过循环反馈机制引起一系列变化。因此，还需要研究影响因素对经济增长质量的直接效应和间接效应①。表 5—4 中，*Hausman* 检验均支持随机效应模型，限于篇幅，本节仅汇报经济空间权重矩阵下随机效应模型的空间效应分解结果（见表 5—4）。其中，反馈效应数值根据直接效应和模型估计系数计算求得。分解结果显示，核心变量劳动收入份额的估计系数为 0. 00987，反馈效应为 0. 00023，直接效应为 0. 0101，间接效应为 0. 0129。也就是说本地区劳动收入份额变动 1%，直接使本地区经济增长质量变动 0. 00987，通过循环反馈机制使本地区经济增长质量变动 0. 00023。另外，劳动收入份额变动 1%造成其他地区经济增长质量变动 0. 0129。不难看出，反馈效应占直接效应的比重为 2. 28%，而直接效应和

① 直接效应是指某因素变动对本地区经济增长质量的总体影响，其包含空间反馈效应，即本地区某因素变动通过影响邻近地区经济增长质量，邻近地区经济增长质量反过来影响本地区经济增长质量这一循环往复的过程；某地区对其他地区经济增长质量的影响为间接效应，即影响因素的空间溢出效应。

间接效应占总效应的比重分别为43.72%和56.28%，这意味着本地区劳动收入份额对本地区的经济增长质量影响程度和对其他地区经济增长质量影响程度大体相同。空间反馈效应虽然存在，但占直接效应的比重较低，说明本地区劳动收入份额对本地区经济增长质量的影响主要来源于本地区劳动收入份额对本地区经济增长质量的直接作用。

表5—4 各因素对经济增长质量影响的效应分解

变量	估计系数	反馈效应	直接效应	间接效应	总效应
LIS	0.00987** (-0.00456)	0.00023	0.0101** (-0.00467)	0.0129* (-0.00775)	0.0231* (-0.0119)
mar	-0.0108*** (-0.00254)	-0.0005	-0.0113*** (-0.00266)	-0.0143** (-0.00557)	-0.0256*** (-0.00739)
urb	0.00478** (-0.00237)	0.00028	0.00506** (-0.0025)	0.00635 (-0.00386)	0.0114* (-0.00604)
gov	0.00189 (-0.0073)	-0.00024	0.00165 (-0.00768)	0.00226 (-0.0101)	0.00391 (-0.0176)
inf	0.00756*** (-0.00105)	0.00032	0.00788*** (-0.00104)	0.00994*** (-0.00346)	0.0178*** (-0.00401)
pop	-0.0648*** (-0.0144)	-0.0027	-0.0675*** (-0.0153)	-0.0853** (-0.0343)	-0.153*** (-0.0451)
pri	-0.0474*** (-0.00919)	0.002	-0.0454*** (-0.00846)	0.0634*** (-0.00966)	0.0180** (-0.00766)
res	-0.126** (-0.0503)	-0.005	-0.131** (-0.0526)	-0.167* (-0.096)	-0.298** (-0.141)

注：*、**、***分别表示在10%、5%、1%显著水平上显著；括号内数值为标准误差。
资料来源：笔者基于Stata软件估计。

第五节 我国要素收入分配结构影响经济增长质量的中介机制检验

以上实证分析分别从不含空间效应的视角和含空间效应的视角验证了

本书的核心命题，即劳动收入份额的提升有助于改善经济增长质量。在我们的理论假说和逻辑推演中，劳动收入份额是通过人力资本机制的总量效应与结构效应、消费需求机制的宏观效应与微观效应、收入分配机制的单向效应与交互效应影响经济增长质量的。为了刻画这三种影响机制，本部分借鉴巴罗和肯尼（Baron 和 Kenny，1986）的索贝尔（Sobel）中介因子检验法，分别对这三种影响机制进行检验。*Sobel* 检验法是一种中介因子检验法，其目的是检验两个变量之间是否存在中介效应。何谓中介效应？是指如果变量 X 通过中介变量 M 影响变量 Y，那么 X 影响 M 的参数估计值 a 和 M 影响 Y 的参数估计值 b 就是经过中介变量 M 的中介效应（见图 5—1）。中介效应可以分为完全中介和部分中介。如图 5—1 所示，若参数值 c' 为 0，则为完全中介效应；若 c' 显著不为 0，则为部分中介效应。*Sobel* 检验法能够较为直观地判定中介效应是否存在，并且给出总效应、直接效应和间接效应的具体值。但由于检验过程涉及正态分布，所以受到统计样本大小和是否正态分布的局限。

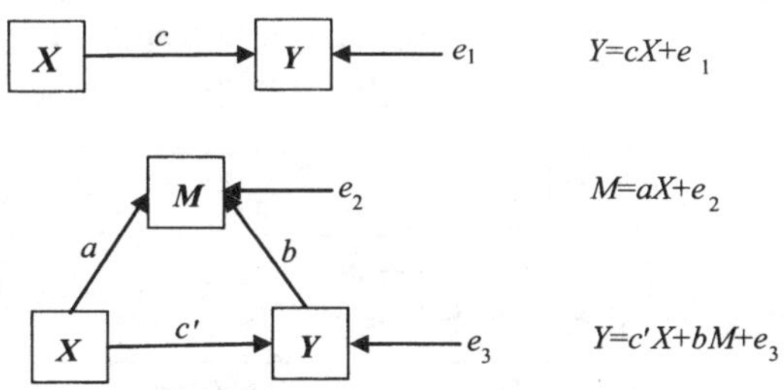

图 5—1　中介效应分解图

一、要素收入分配结构影响经济增长质量的人力资本机制检验

第一，总量效应。总量效应是从总量上阐述劳动收入份额影响经济增长质量的人力资本机制。考虑到平均受教育年限能够较好地反映人力资本的整体规模（高帆，2016），因此我们选择各地区平均受教育年限 m_1 作为中

间变量①。如表5—5所示，在不含中介因子检验的回归中，劳动收入份额在10%置信度下显著为正；而在中介因子检验中，劳动收入份额在1%置信度下显著为负，即劳动收入份额阻碍了人力资本投资；在含中介因子检验的回归中，劳动收入份额与平均受教育年限系数在1%置信度下均显著为正。显然，劳动收入份额抑制人力资本投资的实证结果与理论逻辑不符。我们认为，原因在于劳动收入份额的提升总体上虽然能够扩大人力资本的整体规模，但人力资本规模的扩大会通过工资效应和劳动生产率效应反向作用于劳动收入份额（王晓芳，2011）。工资效应的存在意味着人力资本上升会使工资水平得到提高，从而提高劳动收入份额，而劳动生产率效应的存在则表明人力资本水平的上升能够带动劳动生产率，劳动生产率的提高压低了劳动收入份额。由于现阶段我国非熟练劳动力仍然处于无限供给状态，总体上劳动生产率效应大于工资效应，因而人力资本整体规模的上升逆势降低了劳动收入份额。尽管如此，*Sobel* 检验的 *P* 值显著为0，说明仍然存在明显的中介机制。

表5—5 要素收入分配结构影响经济增长质量中人力资本机制的总量效应和结构效应

变量	总量效应			结构效应		
	不含中介因子检验	中介因子检验	含中介因子检验	不含中介因子检验	中介因子检验	含中介因子检验
lis	0.0109* (0.00583)	−0.0232*** (0.00397)	0.0205*** (0.00578)	0.0109* (0.00583)	−0.0401 (0.0254)	0.0166*** (0.00460)
m_1	—	—	0.414*** (0.0611)	—	—	—
m_2	—	—	—	—	—	0.142*** (0.00785)

① 平均受教育年限=未上过学人口占比×0年+小学受教育程度人口占比×6年+初中受教育程度人口占比×9年+高中受教育程度人口占比×12年+大专及以上受教育程度人口占比×16年。

续表

变量	总量效应			结构效应		
	不含中介因子检验	中介因子检验	含中介因子检验	不含中介因子检验	中介因子检验	含中介因子检验
控制变量	控制	控制	控制	控制	控制	控制
_cons	-0.886* (0.496)	11.02*** (0.338)	-5.446*** (0.825)	-0.886* (0.496)	11.32*** (2.158)	-2.494*** (0.400)
N	540	540	540	540	540	540
R^2	0.678	0.782	0.703	0.678	0.703	0.801
F	139.6	237.6	139.7	139.6	156.7	237.0
Sobel	-0.00959***			-0.00569		
P 值	0			0.1158		

注：*、**、***分别表示在10%、5%、1%显著水平上显著；括号内数值为标准误差。
资料来源：笔者基于Stata软件估计。

第二，结构效应。前文关于结构效应的假说中重点探讨了高技能劳动者的作用，为了验证这一假说，我们使用高等教育人口比重 m_2 作为中间变量进行中介因子检验。检验结果显示：在不含中介因子检验回归中，劳动收入份额在10%置信度下显著为正；而在中介因子检验中，劳动收入份额的系数值为负值，但是未通过检验。在含中介因子检验的回归中，发现高等教育人口比重与劳动收入份额均在10%置信度下显著为正，说明人力资本提升和劳动收入份额增加均提高了经济增长质量。不过，*Sobel* 统计量并不显著，说明实证观察中劳动收入份额的结构效应并不明显。其可能的原因是劳动收入份额的提升提高了高技能劳动者的比重，但现阶段我国高技能劳动者推动技术进步，但技术进步类型呈现出资本偏向的特征（张莉等，2012），反向降低了劳动收入份额。这样相互抵消的局面导致劳动收入份额与高技能人才比重关系并不明晰，中介机制也未能得到体现。

二、要素收入分配结构影响经济增长质量的消费需求机制检验

第一，宏观效应。宏观效应重点讨论了劳动收入、消费以及经济增长质量的递进关系。考虑到劳动收入份额是用劳动收入比地区生产总值，而消费率

则是用消费量比地区生产总值。两者的关系恰好能够说明在同等国民收入条件下，消费如何随着劳动收入的变化进行调整。因此，我们使用消费率 m_3 作为中间变量。具体结果如表 5—6 所示，检验结果显示：在不含中介因子检验的回归中，劳动收入份额在 10%置信度下显著为正；在中介因子检验中，劳动收入份额在 1%置信度下显著为正，很好地验证了同等收入条件下，劳动收入份额的提升刺激消费需求的假说；在含中介因子的回归中，劳动收入份额在 10%水平下显著为负，而消费率在 1%水平下显著为正。劳动收入份额的系数值出现符号的变化，可能的原因是其与消费率高度相关，共同作为自变量时出现了明显的共线性，此时会发生符号变化的异常情况。*Sobel* 检验的 *P* 值显著为 0，说明存在明显的中介机制，证实了消费需求机制的宏观效应。

第二，微观效应。微观效应集中讨论了低收入居民的消费机理，鉴于我国城乡二元制的结构下，农村居民普遍属于低收入人群，再结合数据可得性，使用农村居民消费收入比 m_4 作为中间变量验证消费需求机制的微观效应。检验结果显示：在不含中介因子检验回归中，劳动收入份额在 10%置信度下显著为正；中介因子检验回归中，劳动收入份额系数为正，但并不显著；在含中介因子检验回归中，劳动收入份额与农村居民消费收入比均在 10%置信度下显著为正。*Sobel* 检验的 *P* 值大于 0.1，中介机制并不显著。但这并不意味着中介机制不存在，我们进一步使用了农村劳动收入份额与农村收入消费比进行回归，其结果显示农村劳动收入份额系数显著为正，也就是说在低收入群体中劳动收入份额与消费仍然存在正向关系。同时，在含中介因子检验的回归中也验证了农村消费需求的提升有助于改善经济增长质量。所以和前文的理论假说并不矛盾，中介因子检验未通过的原因可能是劳动收入份额与农村劳动收入份额之间存在差别。在我国，城乡收入并不均衡，农村收入占总收入的比重不到 25%（汪伟，2016），使得劳动收入份额具体值很大程度上取决于城镇劳动收入份额。城镇与农村劳动收入份额的差异性最终导致其具体结果不同于农村劳动收入份额，因此在中介因子回归中劳动收入份额与农村消费收入比的关系并未通过检验，影响了中介机制的检验。

表 5—6　要素收入分配结构影响经济增长质量消费需求机制的宏观效应和微观效应

变量	宏观效应			微观效应		
	不含中介因子检验	中介因子检验	含中介因子检验	不含中介因子检验	中介因子检验	含中介因子检验
lis	0.0109 * (0.00583)	0.527 *** (0.0436)	−0.0104 * (0.00628)	0.0109 * (0.00583)	0.0923 (0.0609)	0.0102 * (0.00583)
m_3	—	—	0.0403 *** (0.00554)	—	—	—
m_4	—	—	—	—	—	0.00766 * (0.00415)
控制变量	控制	控制	控制	控制	控制	控制
_cons	−0.886 * (0.496)	19.71 *** (3.708)	−1.681 *** (0.486)	−0.886 * (0.496)	55.24 *** (5.180)	−1.309 ** (0.545)
N	540	540	540	540	540	540
R^2	0.678	0.610	0.707	0.678	0.403	0.680
F	139.6	103.9	142.2	139.6	44.86	125.1
Sobel	0.0212 ***			0.0007		
P 值	0			0.2413		

注：*、**、*** 分别表示在 10%、5%、1%显著水平上显著；括号内数值为标准误差。
资料来源：笔者基于 Stata 软件估计。

三、要素收入分配结构影响经济增长质量的收入分配机制检验

第一，单向效应。单向效应表明了要素收入分配对居民收入分配的直接作用。对中间变量的选择，我们使用人口加权城乡收入比 m_5 代表居民收入分配①。具体如表 5—7 所示，检验结果显示：不含中介因子检验回归中，劳动收

① 人口加权城乡收入比具体公式如下。其中 T_1 表示人口加权城乡收入比，y 表示收入，p 表示人口，$i=1$ 时表示城镇，$i=2$ 时表示农村：

$$T_1 = \sum_{i=1}^{n}\left(\frac{y_i}{y}\right)\ln\left(\frac{y_i}{y}\Big/\frac{p_i}{p}\right)$$

入份额在10%置信度下显著为正；中介因子检验回归中，劳动收入份额系数在1%置信度下显著为负，说明劳动收入份额提升有助于缩小居民收入差距；含中介因子检验回归中，劳动收入份额系数为正值，但并不显著，而人口加权城乡收入比系数显著为负。*Sobel* 的 *P* 值为小于 0. 1，说明存在明显的中介机制，验证了收入分配机制中的单向效应。

表 5—7　要素收入分配结构影响经济增长质量收入分配机制的单向效应和交互效应

变量	单向效应			交互效应		
	不含中介因子检验	中介因子检验	含中介因子检验	不含中介因子检验	中介因子检验	含中介因子检验
lis	0. 0109 * (0. 00583)	−0. 113 *** (0. 0417)	0. 00906 (0. 00584)	0. 0109 * (0. 00583)	5. 066 ** (2. 101)	0. 0124 ** (0. 00583)
m_5	—	—	−0. 016 *** (0. 00603)	—	—	—
m_6	—	—	—	—	—	−0. 00031 ** (0. 000120)
控制变量	控制	控制	控制	控制	控制	控制
_cons	−0. 886 * (0. 496)	21. 74 *** (3. 546)	−0. 537 (0. 510)	−0. 886 * (0. 496)	465. 9 *** (178. 7)	−0. 743 (0. 497)
N	540	540	540	540	540	540
R^2	0. 678	0. 409	0. 682	0. 678	0. 413	0. 682
F	139. 6	45. 98	126. 3	139. 6	46. 76	126. 1
Sobel	0. 0018 *			−0. 0015 *		
P 值	0. 0579			0. 0798		

注：*、**、*** 分别表示在10%、5%、1%显著水平上显著；括号内数值为标准误差。
资料来源：笔者基于 Stata 软件估计。

第二，交互效应。交互效应中，要素收入分配与居民收入分配相互影响。为了刻画这种交互作用，我们使用要素收入分配的代理变量劳动收入份额与居民收入分配的代理变量人口加权城乡收入比之间的乘积项作为中间变量。检验结果显示：不含中介因子检验回归中，劳动收入份额在10%置信度下显著为正；中介因子回归检验中，交互项在5%置信度下显著为正；在含中介因子检验回归中，劳动收入份额系数在5%水平下显著为正，而交互项在5%水平下显著为负。*Sobel* 检验的 *P* 值小于0.1，说明存在明显的中介机制，同样验证了收入分配机制的交互效应。

要素收入份额的人力资本机制存在着明显的内生性，导致人力资本机制的结构效应未能得到有效的体现。同时，我国现阶段典型的城乡二元制结构一定程度上掩盖了消费需求机制中的微观效应。尽管如此，中介机制检验仍然证明了本书理论假说中人力资本机制的总量效应、消费需求机制的宏观效应、收入分配机制的单向效应与交互效应。经济发展具有阶段性特征，三大机制的部分体现也暗含着经济发展并非一蹴而就。我们需要牢牢把握经济发展的阶段性特征，对当前经济形势作出科学判断。

第六节　我国要素收入分配结构影响经济增长质量的稳健性分析

经济增长质量作为价值判断的复合概念，其指标体系的选择视角呈现出多样性，导致其指数的最终结果存在差异。本书测算了用于稳健性检验的经济增长质量指数，并从数据层面加以描述分析。为了保证项目核心结论的可靠性，我们将劳动收入份额和用于稳健性检验的经济增长质量指数进行实证检验。模型回归方法和前文保持一致，依然是进行基准模型回归、空间计量模型回归。

一、要素收入分配结构影响经济增长质量的基准模型稳健性检验

表5—8汇报了基准模型回归的稳健性检验结果，前两列分别汇报了固定效应和随机效应模型。*Hausman* 检验的 *P* 值为0，可知固定效应更优。固定

效应模型中,劳动收入份额在5%置信度下显著为正,其对应的系数值为0.02,表明劳动收入份额每提高一个百分点,经济增长质量指数就会相应提高0.02。表5—8中第三列汇报了含个体效应的LSDV模型,尽管系数值与显著性和固定效应一致,但拟合优度提高到0.882。LSDV估计结果显示大部分个体虚拟变量均非常显著,而劳动收入份额在1%置信度下显著为正。劳动收入份额的系数值是0.02,和固定效应模型估计的系数值相同。表5—8中第四列进一步显示包含经济增长质量滞后项的系统GMM估计结果。由于在5%水平下,我们接受“扰动项差分的二阶自相关系数为0”的假设,并且*Sargan*检验的*P*值为1,我们无法拒绝“所有工具变量均有效”的原假设,所以系统GMM依然可以适用。模型回归结果显示,在1%水平下劳动收入份额系数显著为正,其系数值为0.00466。

表5—8 要素收入份额影响经济增长质量的基准模型稳健性检验

变量	模型1	模型2	模型3	模型4
估计方法	固定效应	随机效应	LSDV	系统GMM
L.QEG	—	—	—	0.842*** (0.0155)
LIS	0.0200*** (0.00651)	0.0193*** (0.00673)	0.0200*** (0.00651)	0.00466*** (0.00157)
mar	0.00802** (0.00366)	0.00457 (0.00351)	0.00802** (0.00366)	−0.00378 (0.00379)
urb	−0.00110 (0.00337)	0.00785** (0.00339)	−0.00110 (0.00337)	0.00913*** (0.00211)
gov	−0.0232** (0.00993)	−0.0298*** (0.00946)	−0.0232** (0.00993)	−0.00378 (0.00232)
inf	0.0117*** (0.00136)	0.0129*** (0.00139)	0.0117*** (0.00136)	0.00178*** (0.000558)
pop	−0.130*** (0.0205)	−0.0999*** (0.0211)	−0.130*** (0.0205)	−0.0318*** (0.00629)
pri	0.0392*** (0.00434)	0.0323*** (0.00453)	0.0392*** (0.00434)	0.00249 (0.00179)

续表

变量	模型 1	模型 2	模型 3	模型 4
估计方法	固定效应	随机效应	LSDV	系统 GMM
res	-0.188*** (0.0720)	-0.294*** (0.0721)	-0.188*** (0.0720)	-0.158*** (0.0198)
_cons	0.537 (0.638)	0.737 (0.640)	0.537 (0.638)	0.866** (0.341)
AR(2)	—	—	—	-0.3944 (0.7343)
P(*Sargan*)	—	—	—	26.3956 (1.0000)
N	540	540	540	510
R^2	0.608	—	0.882	—
Hausman test	*P* - *value forHausman test*:0		—	*Hausman test*
F	97.46	—	97.46	—

注：*、**、*** 分别表示在 10%、5%、1%显著水平上显著；括号内数值为标准误差；二阶序列相关检验［即 *AR*(2)检验］和 *Sargan* 检验的第一行列出了对应检验的统计量值，第二行列出了对应的 *P* 值。

与表 5—2 的回归结果相比，主要呈现以下特征：(1)劳动收入份额的系数值均在 1%置信度下显著为正。说明在基准模型的回归方式下，劳动收入份额对经济增长质量的正向影响不仅通过稳健性检验，而且随机效应和系统 GMM 模型中劳动收入份额显著性也有所改善。(2)劳动收入份额的系数值得到提升，但提升幅度不大。表明经济增长质量指标体系的构建方式不同，导致回归结果出现差异，差异主要体现在数值的变化上，并没有对核心结论产生实质性影响。

二、要素收入分配结构影响经济增长质量的空间计量模型稳健性检验

表 5—9 汇报了三种空间权重矩阵下稳健性检验的 SDM 模型估计结果，结果显示空间滞后系数 ρ 在三种权重矩阵下均显著为正，同样说明中国经济增长质量确实存在明显的空间自相关性。和原模型一样，空间滞后项 *pri* 的系

数值显著为正,但是*pri*本身系数显著为负。核心变量劳动收入份额的变化主要表现在数值上,具体而言:(1)在地理空间矩阵*W*1下,固定效应和随机效应模型劳动收入份额的系数在5%置信度下均显著为正,原系数值分别为0.00937和0.00979(见表5—3)。稳健性检验中,固定效应和随机效应模型劳动收入份额的系数在1%置信度下均显著为正,系数值分别为0.0152和0.0156。与原模型比,系数值更为显著,数值也比原模型稍大。(2)在经济空间矩阵*W*2下,固定效应模型劳动收入份额的系数在5%置信度下显著为正,原系数值为0.00852(见表5—3);随机效应模型劳动收入份额的系数在1%置信度下显著为正,原系数值为0.00903(见表5—3)。稳健性检验中,固定效应模型在5%置信度下显著为正,系数值是0.0147;随机效应模型在1%置信度下显著为正,系数值为0.0152。显著性上,原模型和稳健性模型呈现一致性,差异性仅仅体现在数值上的改变。(3)在经济地理空间矩阵*W*3下,固定效应模型劳动收入份额的系数在5%置信度下显著为正,系数值为0.00937;随机效应模型劳动收入份额的系数在5%置信度下显著为正,系数值为0.00987。稳健性检验中,固定效应模型劳动收入份额的系数在5%置信度下显著为正,系数值为0.0148;随机效应模型劳动收入份额的系数在1%置信度下显著为正,系数值为0.0153。

表5—9 要素收入份额影响经济增长质量的空间计量模型稳健性检验

变量	模型1	模型2	模型3	模型4	模型5	模型6
空间权重	W1	W1	W2	W2	W3	W3
估计方法	固定效应	随机效应	固定效应	随机效应	固定效应	随机效应
LIS	0.0152*** (0.00587)	0.0156*** (0.00599)	0.0147** (0.00576)	0.0152*** (0.00587)	0.0148** (0.00577)	0.0153*** (0.00589)
mar	0.00794** (0.00328)	0.00674** (0.00331)	0.00928*** (0.00328)	0.00773** (0.00328)	0.00856*** (0.00325)	0.00720** (0.00327)
urb	−0.00268 (0.00302)	−0.000822 (0.00312)	−0.00145 (0.00298)	0.000273 (0.00306)	−0.00220 (0.00298)	−0.000443 (0.00306)

续表

变量	模型 1	模型 2	模型 3	模型 4	模型 5	模型 6
空间权重	W1	W1	W2	W2	W3	W3
估计方法	固定效应	随机效应	固定效应	随机效应	固定效应	随机效应
gov	0.00658 (0.00947)	0.00223 (0.00955)	0.00295 (0.00924)	−0.00163 (0.00926)	0.00688 (0.00931)	0.00244 (0.00935)
inf	0.00706*** (0.00133)	0.00757*** (0.00136)	0.00744*** (0.00133)	0.00805*** (0.00136)	0.00700*** (0.00133)	0.00757*** (0.00136)
pop	−0.131*** (0.0184)	−0.124*** (0.0189)	−0.124*** (0.0181)	−0.116*** (0.0185)	−0.128*** (0.0181)	−0.120*** (0.0186)
pri	−0.0497*** (0.0115)	−0.0467*** (0.0118)	−0.0349*** (0.0112)	−0.0312*** (0.0114)	−0.0448*** (0.0116)	−0.0410*** (0.0119)
res	−0.132** (0.0648)	−0.160** (0.0662)	−0.152** (0.0635)	−0.179*** (0.0646)	−0.140** (0.0636)	−0.167*** (0.0649)
_cons	—	0.555 (0.628)	—	0.762 (0.612)	—	0.711 (0.616)
W.pri	0.0743*** (0.0121)	0.0700*** (0.0124)	0.0581*** (0.0108)	0.0526*** (0.0111)	0.0641*** (0.0118)	0.0586*** (0.0120)
W.QEG	0.371*** (0.0994)	0.367*** (0.101)	0.477*** (0.0709)	0.489*** (0.0703)	0.528*** (0.0848)	0.538*** (0.0842)
N	540	540	540	540	540	540
R^2	0.212	0.285	0.194	0.281	0.184	0.263

注：*、**、*** 分别表示在 10%、5%、1%显著水平上显著；括号内数值为标准误差。
资料来源：笔者基于 Stata 软件估计。

检验结果一方面说明了经济增长质量空间相关性的存在，即使在不同空间权重矩阵下，劳动收入份额的提升都对经济增长质量具有促进作用；另一方面表明本书的核心结论在改变了经济增长质量指标体系时依然是稳健的。

第六章　我国要素收入分配结构与经济增长质量的地区差异分析

现阶段,我国要素收入分配结构和经济增长质量的地区分化明显。而区域协调发展对地区经济发展具有指导意义,是新时代下解决“不平衡”“不充分”发展的重要因素。党的十九大报告明确指出,未来将通过城市群为主体建构大中小城市和小城镇协调发展的城镇格局,加快农业转移人口市民化。同时还将建立更加有效的新的区域发展协调机制。要实现区域协调发展战略,有效解决不平衡不充分的矛盾,不仅需要依靠地区经济增长数量上的协调发展,还要依靠地区经济增长质量上的协调发展。因此,实施区域协调发展战略应先缩小地区经济发展之间的差异。基于此,本章根据地区间经济增长质量的差异比较,一方面对要素收入分配结构与经济增长质量地区差异进行测算;另一方面,分析我国各地区要素收入分配结构与经济增长质量高低的差异之间的联系,为实现经济高质量发展提供新的空间和增长点。

第一节　我国要素收入分配结构地区差异的测算

一、要素收入分配结构地区差异的测算方法

研究中国劳动收入份额的地区差距首先需要对各地区劳动收入份额的水

平进行分别度量。本章拟选取劳动收入份额指标来主要表征要素收入分配结构偏向劳动,同时,在前面章节中劳动收入份额测算的基础上,本章我们选用标准差和变异系数来分别分析我国劳动收入份额地区差异的程度。其中,标准差作为度量区域发展不平衡的绝对指标,用 σ 表示。标准差反映各地区指标值对其算术平均值的偏离程度,是总体方差的平方根。具体计算公式为:

$$\sigma = \frac{\sum_{i} (y_i - y)^2}{N} \tag{6.1}$$

其中,σ 为各地区间劳动收入份额的标准差;y_i 为 i 地区的劳动收入份额;y 为各地区劳动收入份额的平均值;N 为地区总数。

变异系数作为衡量区域发展不平衡的相对指标,用 CV 表示。反映各地区劳动收入份额偏离其平均水平的相对差距状况,是标准差与均值之比,其具体公式为:

$$CV = \frac{\sigma}{y} \tag{6.2}$$

由上可见,变异系数能体现单位均值上的离散程度。需要说明的是,这里采用变异系数指标而非加权变异系数指标是因为:其一,以人口为权数衡量地区间劳动收入份额的差距在理论上是无意义的。其二,以人口为权数可能会掩盖地区间实际存在的劳动收入份额差距。因此,本章选取变异系数指标来反映地区间劳动收入份额的状况。综上所述,本章借助 Excel 对我国各地区劳动收入份额的标准差以及变异系数进行分别统计并测度出 1998—2015 年我国各地区间劳动收入份额的变化情况(见表 6—1 和表 6—2)。

表 6—1 1998—2015 年我国各地区劳动收入份额的标准差

标准差	全国	东部地区	中部地区	西部地区	东北地区
1998	0. 0712	0. 0534	0. 0786	0. 0557	0. 0790
1999	0. 0669	0. 0511	0. 0767	0. 0508	0. 0812
2000	0. 0661	0. 0440	0. 0792	0. 0494	0. 0891
2001	0. 0671	0. 0456	0. 0794	0. 0378	0. 1252
2002	0. 0640	0. 0437	0. 0771	0. 0410	0. 1118
2003	0. 0655	0. 0513	0. 0790	0. 0396	0. 1159
2004	0. 0487	0. 0500	0. 0405	0. 0318	0. 0511
2005	0. 0512	0. 0532	0. 0398	0. 0449	0. 0547
2006	0. 0449	0. 0504	0. 0402	0. 0287	0. 0432
2007	0. 0474	0. 0415	0. 0484	0. 0430	0. 0279
2008	0. 0628	0. 0656	0. 0518	0. 0540	0. 0689
2009	0. 0537	0. 0612	0. 0370	0. 0420	0. 0490
2010	0. 0584	0. 0603	0. 0431	0. 0531	0. 0623
2011	0. 0504	0. 0505	0. 0332	0. 0496	0. 0496
2012	0. 0492	0. 0519	0. 0316	0. 0502	0. 0442
2013	0. 0469	0. 0517	0. 0293	0. 0469	0. 0255
2014	0. 0479	0. 0566	0. 0382	0. 0471	0. 0277
2015	0. 0477	0. 0501	0. 0339	0. 0530	0. 0204

表 6—2 1998—2015 年我国各地区劳动收入份额的变异系数

变异系数	全国	东部地区	中部地区	西部地区	东北地区
1998	0. 1387	0. 1166	0. 1435	0. 1027	0. 1516
1999	0. 1323	0. 1118	0. 1446	0. 0947	0. 1600
2000	0. 1341	0. 0987	0. 1510	0. 0948	0. 1850
2001	0. 1371	0. 1034	0. 1542	0. 0737	0. 2463
2002	0. 1323	0. 0995	0. 1515	0. 0815	0. 2191
2003	0. 1397	0. 1197	0. 1654	0. 0808	0. 2269
2004	0. 1106	0. 1225	0. 0911	0. 0672	0. 1211
2005	0. 1169	0. 1298	0. 0897	0. 0968	0. 1300

续表

变异系数	全国	东部地区	中部地区	西部地区	东北地区
2006	0. 1038	0. 1241	0. 0920	0. 0627	0. 1046
2007	0. 1121	0. 1053	0. 1127	0. 0955	0. 0691
2008	0. 1334	0. 1449	0. 1105	0. 1071	0. 1647
2009	0. 1148	0. 1355	0. 0802	0. 0840	0. 1166
2010	0. 1288	0. 1376	0. 0961	0. 1097	0. 1552
2011	0. 1120	0. 1152	0. 0723	0. 1054	0. 1257
2012	0. 1090	0. 1168	0. 0689	0. 1075	0. 1108
2013	0. 1035	0. 1123	0. 0641	0. 1019	0. 0648
2014	0. 1045	0. 1223	0. 0844	0. 1003	0. 0664
2015	0. 1018	0. 1060	0. 0744	0. 1097	0. 0477

二、要素收入分配结构地区差异的测算结果

本章按照不同地区的划分依据，将中国 30 个省、自治区（西藏除外）、直辖市分别依据按照自然区位划分的要素收入分配结构和按照经济增长质量情况划分的要素收入分配结构划分为四大类地区，并借助 Excel 对我国各地区劳动收入份额的标准差和变异系数进行分别计算，为全面分析我国要素收入分配结构在地区间的变化情况提供相应的理论依据。

从全国来看，劳动收入份额具有周期性变化的趋势。一方面，本章运用标准差分析中国 30 个省、自治区（西藏除外）、直辖市劳动收入份额的绝对差异。从表 6—1 中可得，1998—2015 年间全国劳动收入份额的标准差由 1998 年的 0. 0712 变动到 2015 年的 0. 0477，降低了 0. 0235，而在此期间，劳动收入份额的标准差其实是经历了小幅度的先下降后上升的过程，从 1998 年的 0. 0712 一直下降到 2007 年的 0. 0474，2008 年标准差上升至 0. 0628，上浮 0. 0154 个单位，绝对差异在波动式缩小，但降低幅度较小。说明地区间居民的劳动收入份额比例的离散程度在缓慢降低，劳动收入的差别下降幅度较小。

另一方面,本章运用变异系数来分析中国 30 个省、自治区(西藏除外)、直辖市劳动收入份额的相对差异。全国劳动收入份额的变异系数由 1998 年的 0. 1387 下降到 2015 年的 0. 1018。其中,在 1998—2003 年间,劳动收入份额的变异系数基本维持在 0. 13 上下波动,2004 年,劳动收入份额的变异系数下降到 0. 1106,此后,变异系数在 0. 10—0. 13 之间波动,从整体上讲,劳动收入份额的变异系数呈现阶段性稳步下降过程,说明全国水平上劳动收入份额的相对差异是在逐渐缩小,但缩小的幅度并不明显。

分地区来看,东部地区劳动收入份额在绝对差距和相对差距上的变化分别为,标准差从 1998 年的 0. 0534 下降到 2015 年的 0. 0501,变动 0. 0033 个单位,在 1998—2015 年间,劳动收入份额的标准差在 2008—2010 年达到 0. 06 以上,且 2008 年标准差达到最大,为 0. 0656,其余年份标准差均在 0. 05 左右徘徊,可见东部地区劳动收入份额绝对差距的变化幅度不大;东部地区劳动收入份额的变异系数大致分为三个阶段:1998—2002 年间,劳动收入份额的变异系数从 1998 年的 0. 1166 下降到 2002 年的 0. 0995,变动 0. 0171 个单位,总体呈现下降趋势;2002—2010 年间,变异系数虽有上升但波动幅度较大,2003 年变异系数骤升至 0. 1197,从 2002 年变异系数为 0. 0995 到 2010 年变为 0. 1376,明显上升 0. 0381 个单位;2010—2015 年间,变异系数又呈现下降态势,2010—2011 年变异系数的变动幅度最大,变动 0. 0224 个单位,接下来,变异系数维持在 0. 1 以上,2015 年变异系数为 0. 1060。

中部地区劳动收入份额在绝对差距上的变化为,1998 年劳动收入份额的标准差为 0. 0786,此后到 2003 年,劳动收入份额的标准差均在 0. 07 以上波动,2004 年标准差降低到 0. 0405,之后标准差周期变化,到 2015 年标准差为 0. 0339,相比 2004 年降低 0. 0066 个单位,相比 1998 年则降低 0. 0447 个单位,劳动收入份额的离散程度有缩小的趋势,中部地区劳动收入份额绝对差距的降低幅度较为明显;而劳动收入份额的相对差距的变化分别为,变异系数从 1998 年的 0. 1435 下降到 2015 年的 0. 0744,变动 0. 0691 个单位,在 1998—

2015年间，劳动收入份额的变异系数在2000—2003年上升至0.16左右，且2003年变异系数达到最大值为0.1654，此后，劳动收入份额的变异系数基本呈现下降趋势，2003—2004年变异系数的变动幅度最大，变动0.0743个单位，整体而言，中部地区劳动收入份额相对差距减小的趋势明显。

西部地区劳动收入份额在绝对差距和相对差距上的变化分别为，标准差由1998年的0.0557下降到2015年的0.0530，变动0.0027个单位。具体来看，在1998—2015年间，劳动收入份额的标准差不规则变动，在1998—2006年间标准差波动式下降，2006年标准差达到最低，为0.0287，2006年以后，标准差又波动上升，在0.04—0.05附近徘徊。由此可见西部地区劳动收入份额绝对差距的变化幅度总体不明显；西部地区劳动收入份额的变异系数大致呈现先下降后上升的"U型"变化，在1998—2007年间，劳动收入份额的变异系数从1998年的0.1027下降到2007年的0.0955，变动0.0072个单位，且2006年变异系数达到最低，最低值为0.0627，总体呈现不规则下降；在2008—2015年间，变异系数缓慢上升，2010年变异系数从2009年的0.0840上升至0.1097，明显上升0.0257个单位，上升幅度最大，而从2010年后劳动收入份额的变异系数基本维持在0.1以下。

东北地区劳动收入份额在绝对差距上的变化为，1998年劳动收入份额的标准差为0.0790，此后劳动收入份额的标准差逐渐上升，到2001年，标准差达0.1252，上升0.0462个单位，上升幅度大。而在2002年之后，标准差呈现下降趋势且波动幅度较为显著，特别是在2003—2004年间，标准差的降低幅度达0.0648。2008—2010年间，劳动收入份额的标准差又有小幅上升，在0.06附近变化，2015年标准差达到最低，为0.0204，劳动收入份额离散程度的缩小趋势明显，东北地区劳动收入份额绝对差距的降低幅度十分显著。而劳动收入份额的相对差距的变化分别为变异系数从1998年的0.1516下降到2015年的0.0477，变动0.1039个单位，在1998—2015年间，劳动收入份额的变异系数在2001—2003年上升到最大，变异系数基本在0.2左右浮动，且

2001 年变异系数最大,其值为 0.2463。此后,劳动收入份额的变异系数基本呈现下降趋势且波动幅度较为明显,2007—2008 年变异系数的变动幅度最大,变化 0.0956 个单位,整体而言,东北地区劳动收入份额相对差距的减小趋势显著。

由东部、中部、西部、东北四大地区的劳动收入份额的标准差分析,1998 年东部地区劳动收入份额的离散程度最小,东北地区的劳动收入份额的离散程度最大;而到 2015 年,东北地区劳动收入份额的离散程度最小,西部地区劳动收入份额的离散程度最大。此外,东部地区和西部地区劳动收入份额的绝对差距基本维持在 1998 年的水平,变化幅度小。其中,在 1998—2015 年间,东部地区劳动收入份额的绝对差距呈现先扩大后缩小状态,而西部地区劳动收入份额的绝对差距呈现相反的趋势,即先缩小后扩大,但东部和西部地区劳动收入份额缩小和扩大的幅度均比较小。根据东部、中部、西部和东北地区各年的变异系数可知,东部地区和西部地区 1998 年和 2015 年的劳动收入份额的相对差距变化幅度小。其中,在 1998—2015 年间,东部地区劳动收入份额的相对差距有略微缩小的趋势,总体是先扩大后缩小趋势,而西部地区劳动收入份额的相对差距呈现先缩小后扩大的趋势。可见,虽然东部地区的人均 GDP 水平明显高于中部、西部和东北地区,但同时,中部、东北地区劳动收入份额的差距在逐步缩小,而东部和西部地区劳动收入份额差距的缩小甚微。

依据上述测算结果,我国按自然区位划分的地区间要素收入分配结构的差距状况主要呈现以下特征。第一,随着年份推移,各地区的劳动收入份额的绝对差距和相对差距整体在缩小。各地区劳动收入份额的标准差整体上向右下移动,表明各地区劳动收入份额的离散程度在逐渐减小,劳动收入份额的绝对差距在逐渐缩小;而同时,各地区的劳动收入份额的变异系数整体上也向右下移动,表明各地区劳动收入份额的相对差距也在逐渐缩小。第二,从劳动收入份额的绝对差距来看,东部、中部、西部和东北地区劳动收入份额的绝对差距基本大致都表现为先升后降的趋势,并且呈现东部、西部、中部和东北地区劳动收入份额的绝对差距依次递减的格局；从劳动收入份额的相对差距来看，西部地区劳动收入份额的相对差距均有轻微扩张，而东部、中部和东北地区的劳动收入份额的相对差距不断缩小，并呈现为东部地区、中部地区、东北地区差距依次递减的格局，东北地区劳动收入份额的差距缩小幅度最大，东部地区劳动收入份额的差距缩小幅度最低（见图6—1和图6—2）。

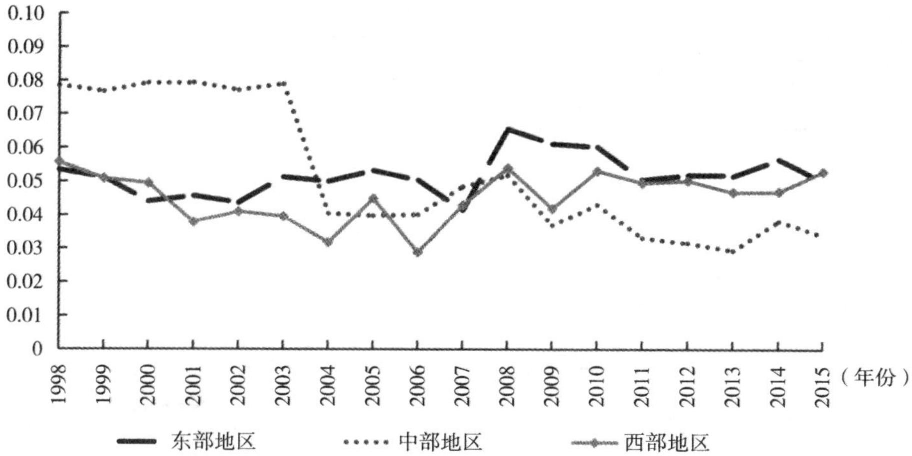

（1）

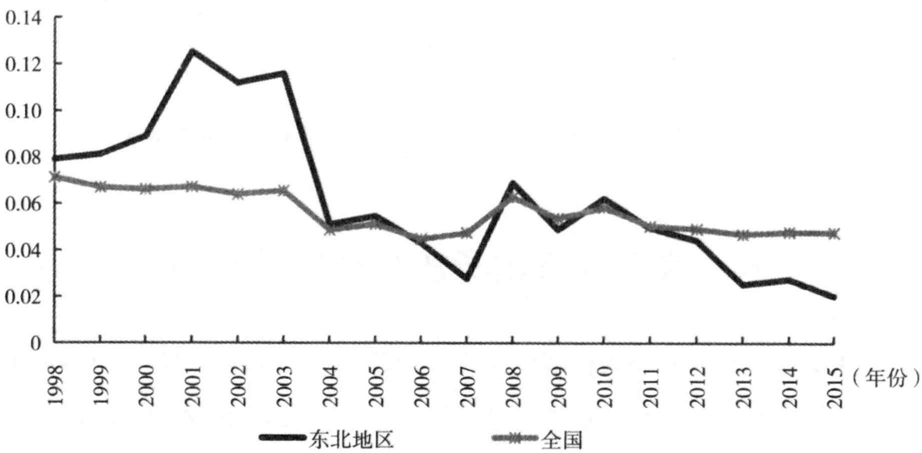

（2）

图6—1　1998—2015年我国各地区劳动收入份额的标准差趋势

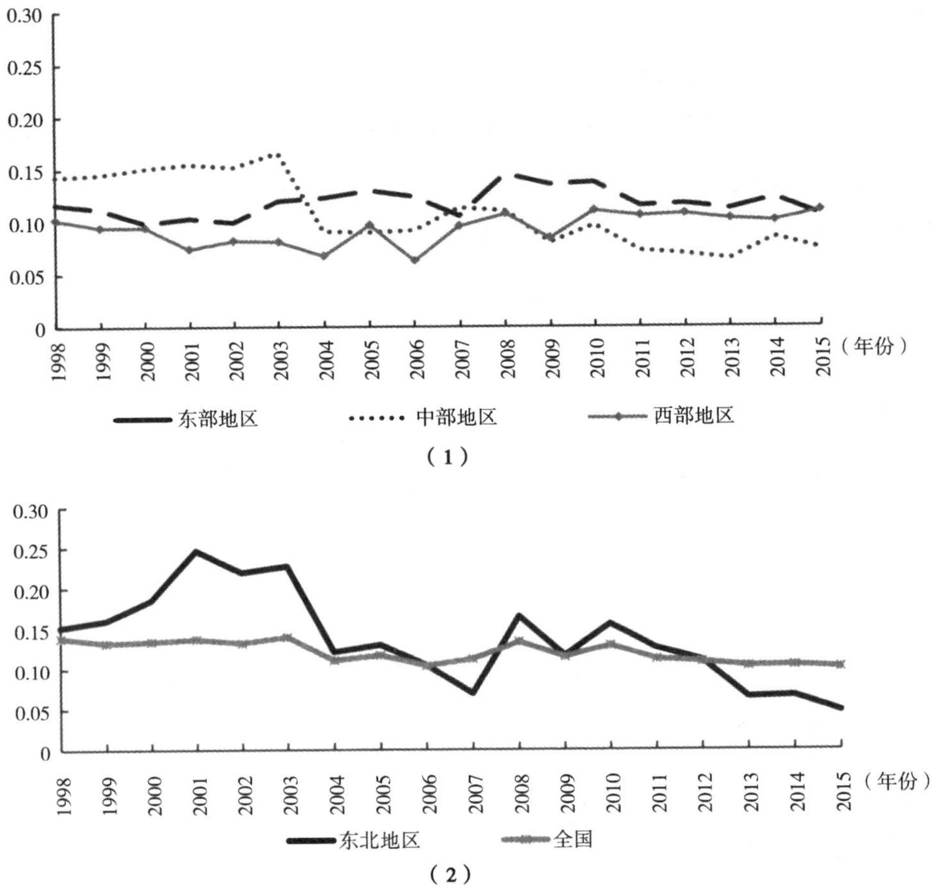

图 6—2　1998—2015 年我国各地区劳动收入份额的变异系数趋势

第二节　我国经济增长质量地区差异的测算

本节延续上节劳动收入份额地区差距的测算方法，故不再赘述，只体现我国经济增长质量地区差异的最终测算结果。从全国来看，经济增长质量呈阶段递增的趋势。一方面，本章运用标准差分析中国 30 个省、自治区（西藏除外）、直辖市经济增长质量的绝对差异。从表 6—3 中可得，1998—2015 年间全国经济增长质量的标准差由 1998 年的 0.5963 变动到 2015 年的 1.8743，升高了 1. 278 个单位，而在此期间，经济增长质量的标准差其实是经历了小幅度的先下降后上升的过程，从 2008 年的 1. 6018 下降到 2009 年的 1. 2049，下降了 0. 3969 个单位，绝对差异在波动式缩小，但降低幅度较小。说明地区间经济增长质量比例的离散程度在逐渐升高，经济增长质量的差别逐渐拉大。另一方面，本章运用变异系数来分析中国 30 个省、自治区（西藏除外）、直辖市经济增长质量的相对差异（见表 6—4）。全国经济增长质量的变异系数由 1998 年的-0. 0467 升高到 2015 年的 0. 0753。其中，在 1998—2001 年间，经济增长质量的变异系数基本维持在-0. 04 以下波动，2009 年，经济增长质量的变异系数下降到-3. 7185，此后，变异系数在 0. 07—0. 29 之间波动，从整体上讲，经济增长质量的变异系数呈现阶段性上升过程，说明全国水平上经济增长质量的差异呈渐进式扩张，但扩大的幅度并不明显。

分地区来看，东部地区经济增长质量在绝对差距和相对差距上的变化分别为，标准差从 1998 年的 0. 7003 到 2015 年的 2. 2302，变动 1. 5299 个单位，在 1998—2015 年间，经济增长质量的标准差波动上升至最大值为 2. 2302，可见东部地区经济增长质量绝对差距的变化幅度明显；东部地区经济增长质量的变异系数大致分为两个阶段：1998—1999 年间，经济增长质量的变异系数维持在 0. 5 以上；2000—2015 年间，变异系数呈现下降态势，2002—2003 年变异系数的变动幅度最大，变动 0. 0652 个单位，接下来，变异系数维持在 0. 1 左右，2015 年变异系数为 0. 0824。

表 6—3　1998—2015 年我国各地区经济增长质量的标准差

标准差	全国	东部地区	中部地区	西部地区	东北地区
1998	0. 5963	0. 7003	0. 1682	0. 1010	0. 3628
1999	0. 5881	0. 6833	0. 1530	0. 1031	0. 3052
2000	0. 6410	0. 7397	0. 0669	0. 1138	0. 1957
2001	0. 6372	0. 6977	0. 0715	0. 1006	0. 1781
2002	0. 6792	0. 7463	0. 0696	0. 1054	0. 1594

续表

标准差	全国	东部地区	中部地区	西部地区	东北地区
2003	0. 7874	0. 8801	0. 0863	0. 1098	0. 1807
2004	0. 9042	1. 0267	0. 0865	0. 0975	0. 1664
2005	0. 9926	1. 1766	0. 0923	0. 1436	0. 1868
2006	1. 0995	1. 3520	0. 1295	0. 1704	0. 1750
2007	1. 3365	1. 6721	0. 0965	0. 2172	0. 1817
2008	1. 6018	2. 2137	0. 1128	0. 2532	0. 1605
2009	1. 2049	1. 4785	0. 1774	0. 1695	0. 1807
2010	1. 3893	1. 7092	0. 2257	0. 2061	0. 1888
2011	1. 6010	1. 9526	0. 1419	0. 2942	0. 1912
2012	1. 6899	2. 0454	0. 1717	0. 3543	0. 1477
2013	1. 7306	2. 1147	0. 2269	0. 4323	0. 1985
2014	1. 7753	2. 2199	0. 2919	0. 4903	0. 1860
2015	1. 8743	2. 2302	0. 3244	0. 5627	0. 2012

表 6—4　1998—2015 年我国各地区经济增长质量的变异系数

变异系数	全国	东部地区	中部地区	西部地区	东北地区
1998	−0. 0467	0. 5181	−0. 0419	−0. 0110	−0. 3962
1999	−0. 0434	0. 5591	−0. 0356	−0. 0111	−0. 2554
2000	−0. 0467	0. 3661	−0. 0144	−0. 0120	−0. 1207
2001	−0. 0468	0. 3038	−0. 0152	−0. 0106	−0. 1038
2002	−0. 0543	0. 2402	−0. 0149	−0. 0113	−0. 0990
2003	−0. 0783	0. 1750	−0. 0190	−0. 0121	−0. 1213
2004	−0. 1232	0. 1441	−0. 0201	−0. 0111	−0. 1241
2005	−0. 1572	0. 1459	−0. 0223	−0. 0162	−0. 1350
2006	−0. 2753	0. 1408	−0. 0334	−0. 0204	−0. 1283
2007	1. 9899	0. 1252	−0. 0260	−0. 0282	−0. 1425
2008	0. 4667	0. 1461	−0. 0330	−0. 0358	−0. 1313
2009	−3. 7185	0. 1243	−0. 0556	−0. 0216	−0. 1531
2010	0. 2988	0. 1114	−0. 0882	−0. 0286	−0. 2022

续表

变异系数	全国	东部地区	中部地区	西部地区	东北地区
2011	0. 1718	0. 1020	−0. 0583	−0. 0440	−0. 2725
2012	0. 1241	0. 0951	−0. 1042	−0. 0604	−0. 3809
2013	0. 0989	0. 0922	−0. 2372	−0. 0969	−9. 4775
2014	0. 0883	0. 0935	−1. 3989	−0. 1345	0. 8572
2015	0. 0753	0. 0824	0. 5573	−0. 2009	4. 1053

中部地区经济增长质量在绝对差距上的变化为，1998 年经济增长质量的标准差为 0. 1682，此后到 2000 年，经济增长质量的标准差下降至 0. 06 附近波动，之后到 2015 年标准差为 0. 3244，相比 2004 年升高 0. 2379 个单位，相比 1998 年升高 0. 1562 个单位，经济增长质量的离散程度有扩大的趋势，中部地区经济增长质量绝对差距的升高幅度较为明显；而经济增长质量的相对差距的变化分别为，变异系数从 1998 年的−0. 0419 上升到 2015 年的 0. 5573，变动 0. 5992 个单位，在 1998—2015 年间，经济增长质量的变异系数在 2000—2003 年上升至−0. 01 左右，且 2000 年变异系数达到最大值为−0. 0144，此后，经济增长质量的变异系数基本呈现周期变化，2014—2015 年变异系数的变动幅度最大，变动 1. 9562 个单位，整体而言，中部地区经济增长质量相对差距拉大的趋势明显。

西部地区经济增长质量在绝对差距和相对差距上的变化分别为，标准差由 1998 年的 0. 1010 上升到 2015 年的 0. 5627，变动 0. 4617 个单位。具体来看，在 1998—2015 年间，经济增长质量的标准差不规则变动，在 1998—2004 年间标准差波动式下降，2004 年标准差达到最低，为 0. 0975，2004 年以后，标准差又波动式上升。由此可见，西部地区经济增长质量绝对差距的变化幅度总体较为明显；西部地区经济增长质量的变异系数大致呈现先平稳后下降的态势，在 1998—2005 年间，经济增长质量的变异系数基本在−0. 01 附近波动，且 2001 年变异系数达到最高，最高值为−0. 0106，总体呈现不规则波动；在

2008—2015 年间,变异系数缓慢下降,2014 年变异系数从 2013 年的-0.0969 下降至-0.1345,明显下降 0.0376 个单位,下降幅度最大,而从 2014 年后经济增长质量的变异系数基本维持在-0.2 上下。

东北地区经济增长质量在绝对差距上的变化为,1998 年经济增长质量的标准差为 0.3628,此后经济增长质量的标准差逐渐下降,到 2002 年,标准差达 0.1594,下降 0.2034 个单位,下降幅度大。而在 2002 年之后,标准差呈现小幅度上升趋势,特别是在 2004—2010 年间,标准差在 0.18 附近变化。2010 年以后,经济增长质量的标准差又缓慢上升,在 0.19 附近变化,2015 年标准差达到 0.2012,经济增长质量离散程度有缩小趋势,东北地区经济增长质量绝对差距的降低幅度较为显著;而经济增长质量相对差距的变化分别为,变异系数从 1998 年的-0.3962 上升到 2015 年的 4.1053,变动 4.5015 个单位,在 1998—2015 年间,经济增长质量的变异系数在 2001—2013 年波动上升,且 2013 年变异系数达到最低,其值为-9.4775。此后,经济增长质量的变异系数基本呈现上升趋势且波动幅度较为明显,2013—2014 年变异系数的变动幅度最大,变化 10.3347 个单位,整体而言,东北地区经济增长质量相对差距的扩大趋势显著。

由东部、中部、西部、东北四大地区的经济增长质量的标准差来分析,1998 年西部地区经济增长质量的离散程度最小,东部地区的经济增长质量的离散程度最大;而到 2015 年,东北地区经济增长质量的离散程度最小,东部地区经济增长质量的离散程度最大。此外,中部、西部地区和东北地区经济增长质量的绝对差距变化幅度小。其中,在 1998—2015 年间,东部地区经济增长质量的绝对差距呈现显著的扩大态势,而东北地区经济增长质量的绝对差距呈现缩小的相反趋势。根据东部、中部、西部和东北地区各年的变异系数可知,东部地区和西部地区经济增长质量的变异系数在减小,其经济增长质量的相对差距有缩小的趋势,且西部地区 1998 年和 2015 年的经济增长质量的相对差距变化幅度小,而中部和东北地区经济增长质量的相对差距在逐步扩大。

依据上述测算结果，我国各地区间经济增长质量有明显差距，具体主要呈现以下特征：第一，随着年份推移，各地区的经济增长质量的绝对差距和相对差距整体在扩大（见图 6—3、图 6—4、图 6—5）。各地区经济增长质量的标准差整体上向右上移动，表明各地区经济增长质量的离散程度在逐渐扩大，经济增长质量的绝对差距在逐渐变大；而同时，各地区的经济增长质量的变异系数

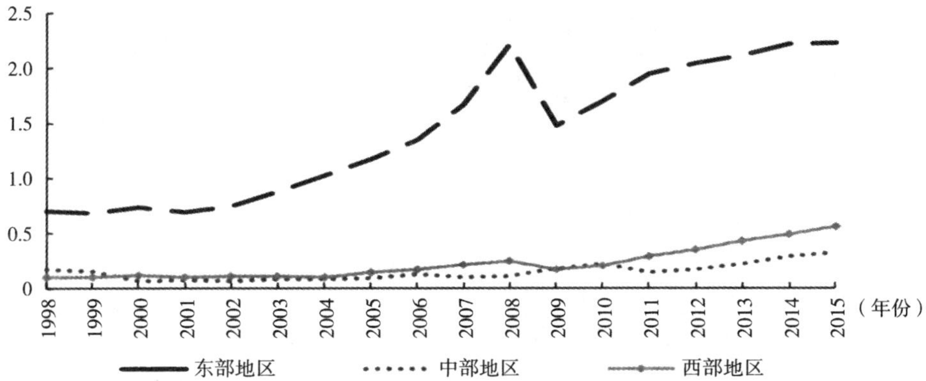

（1）

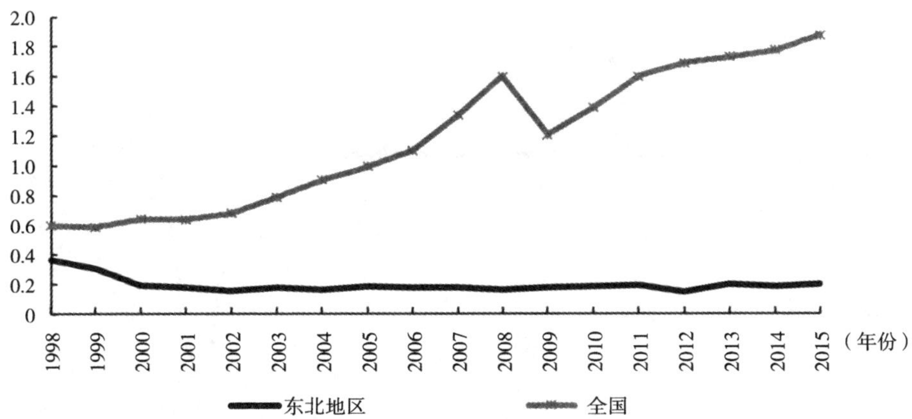

（2）

图 6—3　1998—2015 年我国各地区经济增长质量的标准差趋势

呈现波动式扩大，且上升趋势较缓，表明各地区经济增长质量的相对差距也在逐渐增大。第二，从经济增长质量的绝对差距来看，东部、西部、中部和东北地区经济增长质量的绝对差距基本都表现为上升趋势，并且呈现西部、中部和东北地区经济增长质量的绝对差距依次递减的格局；从经济增长质量的相对差距来看，中部和东北地区经济增长质量的相对差距均有扩张态势，而东部和西

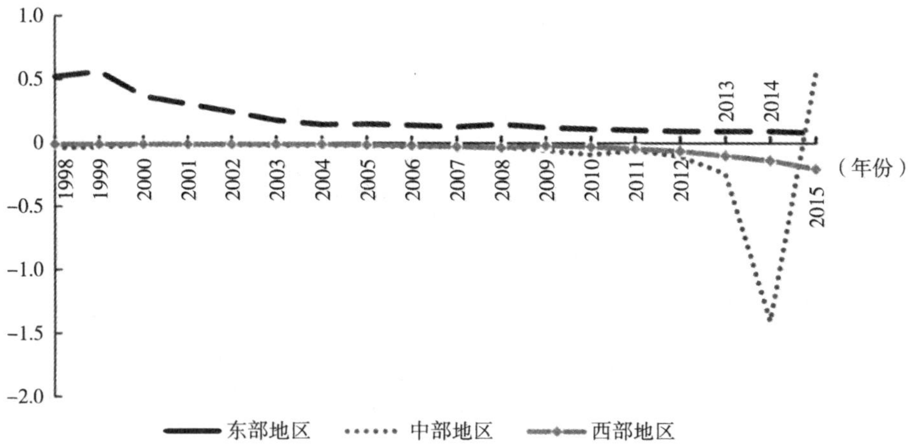

图 6—4　1998—2015 年我国东部、中部和西部地区经济增长质量的变异系数趋势

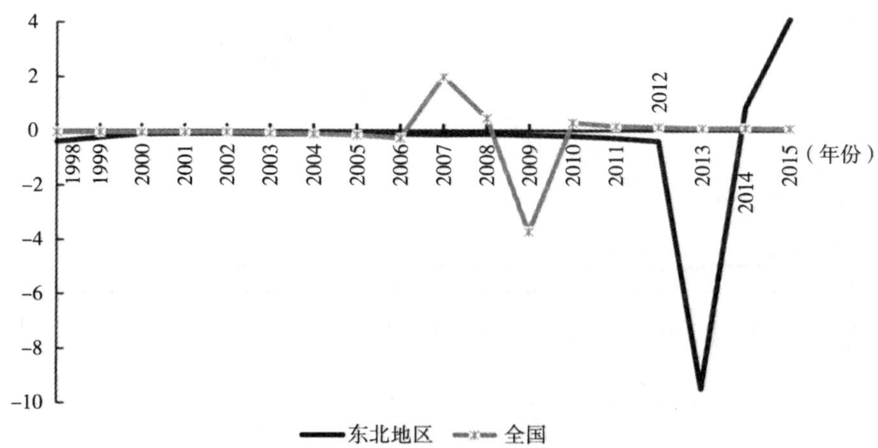

图 6—5　1998—2015 年我国东北地区经济增长质量的变异系数趋势

部地区的经济增长质量的相对差距有缩小趋势,并呈现为中部地区、东北地区、东部地区和西部地区差距依次递减的格局,且东北地区经济增长质量的差距扩大幅度最大(见图6—4、图6—5)。

第三节　我国要素收入分配结构影响经济增长质量地区差异的经验检验

要素收入分配结构不均衡,一是通过人力资本投资差异进而导致人力资本存量差异,而人力资本存量差异进一步导致经济增长质量产生地区差异;二是通过影响消费需求导致经济增长质量的地区差异;三是通过收入分配差距造成经济增长质量产生地区差异。考虑到政府收入份额更多反映在居民收入分配上,而资本收入份额与劳动收入份额又呈此消彼长的关联,因此,本节仍选用偏向劳动的要素收入分配结构作为要素收入分配结构的替代变量,来分析偏向劳动的要素收入分配结构对经济增长质量的影响。而一般来讲,区域间经济的差异也是增长率差异的结果(蔡昉,2000)。因此,本节在地区经济增长质量标准差和变异系数的差距分析的基础上,进一步利用趋同机制来检验偏向劳动的要素收入分配结构对经济增长质量地区差异的影响。

一、要素收入分配结构影响经济增长质量地区差异的计量模型构建

由于地区经济增长质量具有空间依赖特性。因此,本章在巴罗和萨拉·马丁(Barro 和 Sala-i-Martin,1992)的基础上引入“空间相关”概念,采用包含内生交互效应与外生交互效应的SDM模型来构造空间收敛回归方程进行分析。此外,关于空间权重的选择上,我们选用省会间距离倒数测度地理距离权重,用地区间人均实际国内生产总值的年均值绝对差值的倒数度量经济距离权重,用地理距离权重与经济距离权重加权值(为简化起见,权重各为0.5)表

示经济地理权重。具体空间收敛回归模型设定如下：

$$g = \ln \frac{QEG_{i,i+k}}{QEG_{it}} = k + \beta \ln QEG_{it} + \gamma\, lis_{it} + X_{it} + \rho_1 w_{ij} \ln QEG_{it} + \rho_2 w_{ij}\, lis_{it} + \rho_3 w_{ij} X_{it} + \varepsilon_{it} \tag{6.3}$$

其中，g 为经济增长质量增长率，$\ln QEG_{it}$ 为经济增长质量的对数形式，lis_{it} 为劳动收入份额，X_{it} 为影响经济增长质量增长率 g 的其他变量，分别包含人口死亡率 $death_{it}$，通货膨胀率为 inf_{it}，政府财政能力为 gov_{it}，城镇化水平为 $urban_{it}$，老年抚养比为 old_{it}，交通水平为 $trans_{it}$ 和市场化程度为 sat_{it}。且 w_{ij} 为空间权重矩阵元素，ε_{it} 为随机误差项，且服从独立同分布。

二、变量选取与数据说明

在本章中，核心解释变量中劳动收入份额数据借鉴谭晓鹏（2016）的测算方法，用省际收入法 GDP 测算区域要素收入份额得到。除了劳动收入份额，我们试图控制以下因素对经济增长质量增长率的影响，控制变量包括：人口死亡率 *death* 用各省市人口约束水平表示；通货膨胀率 *inf* 表示各省市物价水平；政府财政能力 *gov* 用各省份的财政支出占地区生产总值的比重表示；城镇化水平 *urban* 用各省份城镇人口占总人口的比重表示；老年抚养比 *pop* 用各省份 65 岁以上老年人口占劳动人口比重表示；交通水平 *trans* 用各省份单位国土面积的公路里程数表示；市场化程度 *sat* 用各省份非国有企业工业产值占比表示。

根据上述论述，本章拟对 1998—2015 年中国 30 个省、自治区（除西藏外）、直辖市的经济增长质量的地区差异进行分析。本章的数据主要选取自 1998—2016 年《中国统计年鉴》《中国国内生产总值核算历史资料（1952—2004）》《中国科技统计年鉴》数据，见表 6—5。

表 6—5　我国要素收入分配结构影响经济增长质量地区差异的描述性统计

变量	观测值	平均值	标准差	最小值	最大值
g	540	−0. 6236	3. 3773	−19. 8062	14. 1111
ln*QEG*	540	−0. 59141	1. 0884	−7. 9901	2. 0321
lis	540	46. 4476	6. 1008	31. 72411	65. 2693
death	540	6. 0529	−0. 6991	4. 2100	7. 9800
inf	540	15. 3099	16. 0896	−4. 8456	70. 5977
gov	540	47. 3238	15. 9175	14. 9346	91. 8910
urban	540	62. 6416	44. 7009	1. 9759	208. 2019
old	540	11. 9986	2. 5245	6. 1300	21. 8800
trans	540	62. 6417	44. 7009	1. 9759	208. 2019
sat	540	53. 4954	21. 15251	10. 0000	90. 1480

三、要素收入分配结构影响经济增长质量地区差异的初步经验观察

根据表 6—6，在 1998—2015 年间，劳动收入份额不同的地区经济增长质量增长率存在差异。从劳动收入份额的均值来看，在劳动收入份额低于均值的地区，经济增长质量的增长率为 0. 0480186，而劳动收入份额高于均值的地区，经济增长质量的增长率为−0. 0622015，明显劳动收入份额较低的地区其经济增长质量的增长率较高，且均值检验的结果也证实劳动收入份额不同，经济增长质量有明显的均值差异。从劳动收入份额的中位数来看，在劳动收入份额低于均值的地区，经济增长质量的增长率为 0. 0463792，而劳动收入份额高于均值的地区，经济增长质量的增长率为−0. 0628583，很明显，劳动收入份额较低的地区其经济增长质量的增长率较高，且中位数检验的结果也证实劳动收入份额不同，经济增长质量存在中位数差异。因此，偏向劳动的要素收入分配结构对经济增长质量的地区差异存在影响。

表 6—6 不同样本组经济增长质量增长率的差异检验

变量	劳动收入份额低于其均值的地区	劳动收入份额高于其均值的地区	均值检验 *T* 值
经济增长质量的增长率①	0. 0480186	-0. 0622015	1. 6365**
变量	**劳动收入份额低于其中位数的地区**	**劳动收入份额高于其中位数的地区**	**中位数检验 *Z* 值**
经济增长质量的增长率①	0. 0463792	-0. 0628583	1. 6222**

注：*、**、*** 分别表示在 10%、5%、1%显著水平上显著。

四、要素收入分配结构影响经济增长质量地区差异的实证结果分析

（一）要素收入分配结构影响经济增长质量地区差异的基准模型分析

表 6—7 为采用差分 GMM 和系统 GMM 方法对要素收入分配结构偏向劳动影响经济增长质量增长率的初步估计结果。表 6—7 模型 1、模型 2 为不引入控制变量的前提下，要素收入分配结构偏向劳动对经济增长质量增长率的影响；表 6—7 模型 3、模型 4 为引入控制变量后，要素收入分配结构偏向劳动对经济增长质量增长率的影响。表 6—7 的结果显示：劳动收入份额的系数均为负值但不显著，表明劳动收入份额越高，经济增长质量的地区差距会逐渐缩小，而经济增长质量本身对经济增长质量增长率的影响在 1%水平下呈显著的正相关，这表明经济增长质量的提高对经济增长质量的地区差距的缩小会产生不利影响。在控制变量中，*inf* 和 *gov* 的系数在 1%水平下均显著为正，表明通货膨胀率和政府财政支出的提高会使经济增长质量的增长率上升。

① 经济增长质量的增长率 $=\frac{\text{当年的经济增长质量}-\text{上一年的经济增长质量}}{\text{上一年的经济增长质量}}$。

urban 的系数在系统 GMM 估计中为负但不显著，而在差分 GMM 估计中显著为负，而 *trans* 的系数在差分 GMM 和系统 GMM 中均为负且显著，说明城镇化水平和交通水平对经济增长质量的增长率均有明显的负向作用，城镇化水平和交通水平的提高有利于缩小经济增长质量的地区差距。值得注意的是，*death*、*old*、*sat* 的系数在差分 GMM 与系统 GMM 中符号不一致，可能是因为差分 GMM 存在弱工具变量导致的。综合分析可知，因要素收入分配结构中劳动收入份额偏低，资本收入份额相对较高时，导致创新的积极性降低，消费需求降低，间接导致居民收入分配差距扩大，影响地区经济增长质量差距的缩小。

表 6—7　要素收入分配结构影响经济增长质量收敛性的检验结果（基准回归）

变量	被解释变量：经济增长质量的增长率			
	模型 1	模型 2	模型 3	模型 4
估计方法	差分 GMM	系统 GMM	差分 GMM	系统 GMM
L.lnQEG	0.871*** (0.0005)	0.938*** (0.00161)	0.859*** (0.0109)	0.941*** (0.0113)
lis	-141*** (0.0114)	-4.930*** (0.0373)	-2.162*** (0.0438)	-4.262*** (0.0874)
death	—	—	0.0648*** (0.0207)	-0.114*** (0.0295)
inf	—	—	0.0412*** (0.00226)	0.0519*** (0.00156)
gov	—	—	0.0149*** (0.00503)	0.0411*** (0.00369)
urban	—	—	-0.0504*** (0.00356)	-0.0590*** (0.00139)
old	—	—	-0.0566*** (0.00636)	0.00166 (0.0104)
trans	—	—	-0.00886*** (0.00102)	-0.00140** (0.000579)
sat	—	—	1.412*** (0.164)	-1.415*** (0.121)

续表

变量	被解释变量:经济增长质量的增长率			
	模型 1	模型 2	模型 3	模型 4
估计方法	差分 GMM	系统 GMM	差分 GMM	系统 GMM
_cons	-2.575*** (0.0199)	-939*** (0.0261)	-0.269 (0.230)	-0.715*** (0.197)
$AR(1)$	-1.6401 (0.1010)	-1.6478 (0.0994)	-1.6388 (0.1013)	-1.6462 (0.0997)
$P(Sargan)$	29.6593 (1.0000)	29.54273 (1.0000)	27.63256 (1.0000)	28.09342 (1.0000)
N	510	510	510	510

注:*、**、*** 分别表示在 10%、5%、1%显著水平上显著。

(二)要素收入分配结构影响经济增长质量地区差异的扩展模型分析

本节采用空间计量模型,考察在空间效应下我国劳动收入份额对经济增长质量地区差异的影响。表 6—8 体现了三种空间权重矩阵下的 SDM 模型估计结果,根据表 6—8 结果显示:空间滞后系数 ρ 除了在模型 4 的系数估计值不显著外,其余均显著为正,说明中国经济增长质量存在空间自相关性。而模型 4 空间滞后系数估计值不显著,可能是由于区域外溢是随机冲击的作用所导致的。在空间静态面板模型 1、模型 3 和模型 5 的经济增长质量与其初始水平呈反相关,即表现出显著的条件收敛趋势,与钞小静(2016)的结果一致。而在空间动态面板中,经济增长质量系数估计值显著为正,地区经济增长质量差距呈发散态势。这可能是由于动态回归使用经济增长质量增长率的一阶滞后项作为工具变量,控制了内生性,从而提高了识别的准确性(随洪光等,2017)。同时,经济增长质量增长率的一阶滞后项对经济增长率的促进作用明显。可见,即地区经济增长质量存在明显的地区差距。而经济增长质量的增长率除了与初始的经济增长质量水平有关外,还受到劳动收入份额、人口死亡率、通货膨胀率、政府财政能力、城镇化水平、老年抚养比、交通水平、市场化程度等其他因素的影响。核心解释变量劳动收入份额 *lis* 对经济增长质量的增长率有显著的负向影响，随着劳动收入份额的升高，经济增长质量的增长率逐渐减少，一定程度上可缩小地区经济增长质量的差距。在控制变量中，*death*、*inf*、*trans*、*old* 的系数在静态面板的估计结果中为负，动态面板中为正但不显著，说明人口死亡率的降低、通货膨胀率的上升、交通条件的改善以及老年抚养比对经济增长质量增长率的提高促进作用还不明显，而 *sat* 的系数显著为正，表明市场化程度的提高有助于经济增长质量增长率的提高。城镇化水平 *urban*、政府财政能力 *gov* 在静态面板的估计结果中系数显著为正，而 *urban* 在动态面板的估计结果中显著为负，*gov* 的系数为负但不显著。可能也与回归模型的选择不同有关，动态面板回归模型更准确。进一步考察表 6—8 可知，空间滞后项 ln*QEG* 的系数为负，尤其是在模型 1、模型 2 和模型 6 中显著为负，表明区域间的经济增长质量有较强的空间关联性，本地区的经济增长质量水平上升会提高本地区的经济增长质量的增长率，而其他地区的经济增长质量的上升则会降低本地区的经济增长质量增长率提升。空间滞后项 *lis* 为正但不显著，表明地区间劳动收入份额不存在交互影响。

表 6—8　要素收入分配结构影响经济增长质量收敛性的检验结果（扩展回归）

变量	被解释变量：经济增长质量的增长率					
	经济增长质量	劳动收入份额	经济增长质量	劳动收入份额	经济增长质量	劳动收入份额
	模型 1	模型 2	模型 3	模型 4	模型 5	模型 6
空间权重	地理距离	地理距离	经济空间	经济空间	经济地理	经济地理
估计方法	SDM	SDM	SDM	SDM	SDM	SDM
ln*QEG*	−0.257** (0.100)	0.226*** (0.0498)	−0.208** (0.101)	0.204*** (0.0508)	−0.187* (0.0995)	0.224*** (0.0503)
L.g	—	1.096*** (0.0236)	—	1.089*** (0.0240)	—	1.092*** (0.0240)

续表

变量	被解释变量:经济增长质量的增长率					
	经济增长质量	劳动收入份额	经济增长质量	劳动收入份额	经济增长质量	劳动收入份额
	模型1	模型2	模型3	模型4	模型5	模型6
空间权重	地理距离	地理距离	经济空间	经济空间	经济地理	经济地理
估计方法	SDM	SDM	SDM	SDM	SDM	SDM
lis	—	-0.0318*** (0.0110)	—	-0.0317*** (0.0107)	—	-0.0325*** (0.0108)
death	-0.146 (0.229)	0.0587 (0.122)	-0.434* (0.231)	0.120 (0.124)	-0.540** (0.233)	0.102 (0.124)
inf	-0.0480*** (0.0152)	0.0108 (0.0133)	-0.0440*** (0.0145)	0.00888 (0.00868)	-0.0514*** (0.0150)	0.00922 (0.00776)
gov	0.0741** (0.0298)	-0.0183 (0.0169)	0.0925*** (0.0300)	-0.0144 (0.0163)	0.110*** (0.0305)	-0.0170 (0.0162)
urban	0.0299*** (0.0101)	-0.0351*** (0.00597)	0.0250** (0.0102)	-0.0342*** (0.00603)	0.0235** (0.0101)	-0.0351*** (0.00600)
old	-0.320*** (0.0717)	0.00261 (0.0330)	-0.223*** (0.0627)	-0.00330 (0.0332)	-0.203*** (0.0624)	0.00941 (0.0330)
trans	-0.0142*** (0.00442)	0.000252 (0.00247)	-0.00990** (0.00438)	-0.00228 (0.00234)	-0.00797* (0.00446)	-0.00131 (0.00226)
sat	0.0188* (0.0107)	0.0115* (0.00648)	0.0258** (0.0108)	0.00755 (0.00649)	0.0297*** (0.0107)	0.0102 (0.00651)
_cons	-3.302 (2.285)	—	-6.045* (3.294)	—	-13.74*** (4.136)	—
W.old	0.360** (0.146)	—	—	—	—	—
W.urban	—	-0.0148 (0.0258)	—	—	—	—
W.death	—	—	1.221** (0.501)	—	2.455*** (0.648)	—
W.trans	—	—	—	0.00719 (0.00454)	—	—
W.lis	—	0.0218 (0.0217)	—	0.0197 (0.0179)	—	0.0292 (0.0200)
*W.*ln*QEG*	-1.004* (0.531)	-1.007*** (0.270)	-0.207 (0.252)	-0.118 (0.122)	-0.252 (0.420)	-0.426** (0.201)

续表

变量	被解释变量:经济增长质量的增长率					
	经济增长质量	劳动收入份额	经济增长质量	劳动收入份额	经济增长质量	劳动收入份额
	模型 1	模型 2	模型 3	模型 4	模型 5	模型 6
空间权重	地理距离	地理距离	经济空间	经济空间	经济地理	经济地理
估计方法	SDM	SDM	SDM	SDM	SDM	SDM
$W.g$	−0.256* (0.146)	0.233** (0.0983)	−0.182* (0.104)	0.0226 (0.0918)	−0.371** (0.156)	0.330*** (0.124)
N	540	510	540	510	540	510

注:*、**、*** 分别表示在 10%、5%、1%显著水平上显著。

空间效应通过循环反馈机制不仅包含各影响因素对本地区经济增长质量增长率的影响,还包含对相邻地区经济增长质量增长率产生影响,以此引起一系列的变化。因此,本章进一步将各影响因素对经济增长质量增长率的影响分解为直接效应和间接效应。由于经济地理矩阵兼具经济和地理信息,本节主要汇报经济地理矩阵下各影响因素对经济增长影响效应的分解结果(见表6—9)。核心变量劳动收入份额的回归系数为-0.0299,直接效应为-0.0331,反馈效应为-0.0032,占直接效应的 9.6%,而劳动收入份额对经济增长质量增长率的间接效应仅在 10%水平下显著为正,也就是说本地区劳动收入份额对本地区经济增长质量的收敛主要来源于本地区劳动收入份额对本地区经济增长质量增长率的直接作用。经济增长质量的回归系数为 0.224,直接效应为 0.234,反馈效应为 0.01,约占直接效应的 4.3%,即当本地区劳动收入份额变动 1%,直接使本地区经济增长质量增长率变化 0.234 个单位,而通过循环反馈机制使经济增长质量增长率的变动仅占直接效应的 4.2%,此外,本地区经济增长质量对相邻地区经济增长质量增长率产生明显的负向间接效应。其他影响经济增长质量增长率的因素中,仅城镇化水平有显著的空间效应,表现为城镇化水平的直接效应为-0.0351,反馈效应为-0.0023,占直接效应的

6.6%,说明本地区的城镇化水平的提高有助于促进本地区经济增长质量的收敛。

表 6—9　地区经济增长质量增长率影响的效应分解

变量	估计系数	直接效应	间接效应	反馈效应	总效应
ln*QEG*	0.224*** (0.0503)	0.234*** (0.0512)	−0.386** (0.162)	0.01	−0.152 (0.154)
lis	−0.0299*** (0.0110)	−0.0331*** (0.0103)	0.0305* (0.0169)	−0.0032	−0.00262 (0.0161)
death	0.0946 (0.125)	0.0985 (0.124)	−0.0257 (0.0344)	0.0039	0.0728 (0.0925)
inf	0.0142** (0.00705)	0.00953 (0.00778)	−0.00228 (0.00211)	−0.00467	0.00725 (0.00596)
gov	−0.00886 (0.0163)	−0.0177 (0.0164)	0.00437 (0.00435)	−0.00884	−0.0134 (0.0126)
urban	−0.0328*** (0.00608)	−0.0351*** (0.00586)	0.00868*** (0.00326)	−0.0023	−0.0265*** (0.00510)
old	−0.0201 (0.0324)	0.00831 (0.0340)	−0.00219 (0.00885)	0.0281	0.00612 (0.0258)
trans	−0.00150 (0.00227)	−0.00141 (0.00218)	0.000378 (0.000587)	−0.00009	−0.00103 (0.00163)
sat	0.00499 (0.00650)	0.0103 (0.00653)	−0.00259 (0.00197)	0.00531	0.00775 (0.00490)

注:*、**、*** 分别表示在 10%、5%、1%显著水平上显著。

五、要素收入分配结构影响经济增长质量地区差异的稳健性检验

为了检验偏向劳动的要素收入分配结构影响经济增长质量地区差异的稳健性,本节使用变量置换的方法来进行实证检验。具体来看,本节使用第五章测算的涵盖 34 个基础指标的经济增长质量指数对劳动收入份额与经济增长质量的增长率的关系进行实证检验。且本节除了核心被解释变量与前文有所差异外,其余均与前文保持一致。

(一)要素收入分配结构影响经济增长质量收敛性的基准模型稳健性检验

表 6—10 体现了偏向劳动的要素收入分配结构影响经济增长质量收敛性的基准回归的稳健性检验结果。根据表 6—10 的自相关检验和 *Sargan* 检验结果可知,差分 GMM 和系统 GMM 依然可以适用。表 6—10 模型 1 和模型 2 中劳动收入份额的系数在 1%置信度下显著为负,模型 3 劳动收入份额的系数在 5%置信度下显著为负,而模型 4 劳动收入份额的系数值为-0.0695,但不显著,相比表 6—7,表 6—10 系统 GMM 估计中劳动收入份额对经济增长质量增长率的显著性有所降低。结果表明模型具有较好的稳健性,表 6—7 与表 6—10 的回归结果除了系数的数值以及显著性上有所差异外,系数的符号基本保持一致,进一步验证了核心结论。

表 6—10　劳动收入份额影响经济增长质量收敛性的稳健性检验(基准回归)

变量	被解释变量:经济增长质量的增长率			
	模型 1	模型 2	模型 3	模型 4
估计方法	差分 GMM	系统 GMM	差分 GMM	系统 GMM
L.QEG	0.0347*** (0.000407)	0.0437*** (0.000456)	0.0343** (0.0171)	0.0353*** (0.00764)
lis	-1.760*** (0.0275)	-0.711*** (0.0160)	-1.445** (0.646)	-0.0695 (0.476)
death	—	—	-0.0738 (0.0699)	-0.215*** (0.0743)
inf	—	—	0.0120 (0.00858)	0.0273*** (0.00290)
gov	—	—	-0.0248*** (0.00920)	-0.0303*** (0.00471)
urban	—	—	-0.00921*** (0.00324)	-0.0138*** (0.00423)
old	—	—	-0.00862 (0.0189)	-0.0166 (0.0123)

续表

变量	被解释变量:经济增长质量的增长率			
	模型 1	模型 2	模型 3	模型 4
估计方法	差分 GMM	系统 GMM	差分 GMM	系统 GMM
trans	—	—	0.00322 (0.00228)	0.00616*** (0.00163)
sat	—	—	0.212 (2.107)	-1.622*** (0.277)
_cons	-1.372*** (0.0229)	-0.557*** (0.0121)	-0.250 (0.994)	2.757*** (0.750)
AR(2)	0.21147 (0.8325)	0.39705 (0.6913)	0.25931 (0.7954)	0.22165 (0.8246)
P(*Sargan*)	29.25623 (1.0000)	27.48688 (1.0000)	22.21036 (1.0000)	22.35828 (1.0000)
N	510	510	510	510

注:*、**、*** 分别表示在 10%、5%、1%显著水平上显著。

(二)要素收入分配结构影响经济增长质量地区差异的扩展模型稳健性检验

表 6—11 汇报了偏向劳动的要素收入分配结构影响经济增长质量收敛性的 SDM 模型估计的稳健性检验结果,空间滞后系数 ρ 在地理距离矩阵下均显著为正,而在经济空间矩阵下为正但不显著,而经济地理矩阵下只在动态面板回归中显著为正,说明中国经济增长质量增长率存在一定的空间自相关性。一方面,核心解释变量劳动收入份额在三种权重矩阵下,劳动收入份额对经济增长质量增长率有负向影响但并不显著,与原模型比,劳动收入份额的系数值也比原模型稍大;另一方面表明本章的核心结论在更改了经济增长质量指标体系下依然是稳健的,侧面证明劳动收入份额的上升有助于缩小地区经济增长质量的差距。

表 6—11 劳动收入份额影响经济增长质量收敛性的稳健性检验(扩展回归)

变量	被解释变量:经济增长质量的增长率					
	QEC	lis	QEC	lis	QEC	lis
	模型 1	模型 2	模型 3	模型 4	模型 5	模型 6
空间权重	地理距离	地理距离	经济空间	经济空间	经济地理	经济地理
估计方法	SDM	SDM	SDM	SDM	SDM	SDM
ln*QEG*	0.459*** (0.0389)	0.566*** (0.0369)	0.460*** (0.0388)	0.547*** (0.0364)	0.467*** (0.0389)	0.555*** (0.0365)
L.g	—	−0.396*** (0.0357)	—	−0.397*** (0.0362)	—	−0.396*** (0.0359)
lis	—	−0.0314 (0.138)	—	−0.0330 (0.142)	—	−0.0595 (0.138)
death	−0.00778 (0.0189)	0.0110 (0.0187)	0.00104 (0.0181)	0.0205 (0.0181)	−0.000605 (0.0180)	0.0158 (0.0176)
inf	−0.00891*** (0.00141)	−0.00626*** (0.00184)	−0.00828*** (0.00138)	−0.00943*** (0.00132)	−0.00251 (0.00298)	−0.00801*** (0.00151)
gov	0.00982*** (0.00236)	0.0107*** (0.00235)	0.00942*** (0.00238)	0.0120*** (0.00226)	0.00799*** (0.00248)	0.0115*** (0.00226)
urban	−0.000854 (0.00106)	−0.00104 (0.00112)	−0.000827 (0.00106)	−0.000764 (0.00115)	−0.000526 (0.00106)	−0.000685 (0.00113)
old	0.00619 (0.00493)	0.00430 (0.00460)	0.00231 (0.00439)	0.00202 (0.00410)	0.00116 (0.00439)	0.00225 (0.00406)
trans	−0.00091*** (0.000350)	−0.000817** (0.000336)	−0.000874*** (0.000333)	−0.00101*** (0.000316)	−0.000702** (0.000346)	−0.000879*** (0.000321)
sat	0.204** (0.0920)	0.185** (0.0908)	0.183** (0.0878)	0.168* (0.0913)	0.179** (0.0878)	0.175* (0.0900)
W.old	−0.0139 (0.0111)	−0.00561 (0.00986)	—	—	—	—
W.urban	—	−0.0134*** (0.00417)	−0.00384* (0.00212)	−0.00494** (0.00210)	—	−0.00925*** (0.00306)
W.death	—	−0.0382 (0.0624)	—	—	—	—
W.inf	—	—	—	—	−0.00743** (0.00289)	—
W.sat	−0.143 (0.227)	—	—	—	—	—

续表

变量	被解释变量:经济增长质量的增长率					
	QEC	lis	QEC	lis	QEC	lis
	模型 1	模型 2	模型 3	模型 4	模型 5	模型 6
空间权重	地理距离	地理距离	经济空间	经济空间	经济地理	经济地理
估计方法	SDM	SDM	SDM	SDM	SDM	SDM
W.lis	—	—	—	-0.166 (0.233)	—	—
W.g	0.198* (0.112)	0.210** (0.104)	0.0595 (0.0799)	0.0794 (0.0792)	0.136 (0.106)	0.178* (0.105)
N	540	510	540	510	540	510

注:*、**、*** 分别表示在 10%、5%、1%显著水平上显著。

第七章　我国要素收入分配结构的调整对策研究

现今，中国经济转向高质量发展阶段，实现高质量发展应强化供给侧结构性改革，而在供给侧结构性改革过程中，经济增长将更多依靠人力资本和技术进步，要素收入分配机制的作用更加凸显。我们通过将要素收入分配结构对经济增长质量的作用进行理论分析与实证分析，研究结果表明：要素收入分配出现劳动收入份额较低、资本收入份额较高的结构特征，这种不合理的要素收入分配结构不仅会抑制经济增长质量的提高，也会拉大地区间经济增长质量的差别。此外，要素收入分配结构偏向资本时会通过影响人力资本投资的总量效应阻碍科技创新，通过影响消费需求机制的宏观效应减小消费需求，通过影响收入分配机制的单向效应与交互效应扩大收入差距，这些彼此关联的经济问题共同制约着我国经济的持续高质量增长。因此，为了实现可持续性、高质量发展，我们需要在提高经济增长质量的相关政策中充分关注要素收入分配结构的影响作用。充分抓住新趋势中的重大机遇，通过优化产业结构、加强劳动偏向性技术、推进制度改革，深化国有化改革、优化人力资本结构、加速城市化进程、提高对外开放度，以优化要素收入分配结构的方式，完善按要素分配的体制机制，在劳动生产率提高的同时实现劳动报酬同步提高，助力我国经济的高质量增长。

第一节　优化产业结构

经济发展水平通过影响收入分配结构的变动进而作用于经济增长质量。具体表现为:第一,对于经济发展成熟的地区,由于在经济发展初期,民营经济发展中吸纳了许多文化程度较低、专业技能较少的外来劳动力,而劳动者劳动报酬的增速在经济转型过程中小于资本报酬的增速,因而造成劳动收入份额偏低的局面,加深了要素收入分配结构的不合理化。第二,在第二产业和第三产业的一些部门中,由于就业结构并未发生本质改变,导致劳动报酬上升的部门收入增加幅度并没有抵消劳动报酬下降的部门收入降低幅度,这样会造成即使工业增加值在上升,然而劳动分配比例并没有上升,以至于企业创造的利润在劳动者方面分配的比例降低,劳动报酬并未与劳动生产率上升幅度一致。第三,对经济发展处于成长期的地区,在产业结构转型中,第一产业向第二产业大量转移过剩劳动力,由于第二产业表现为增加大量投放粗放且低附加值工业中间品,加工过程对技术的要求较低,因此,往往偏好增加低技能劳动需求而不是高技能劳动需求,从而造成高技能劳动者的错配问题。并且,第二产业在纵向分工过程中获得较低价值分配是一个原因。在纵向分工方面,虽然第二产业所承担的分工产量大幅提高,但并未从纵向分工中获得更多的价值分配,故而使得劳动收入份额降低,从而影响要素收入分配结构。

以上三种具体形式显示出产业结构对要素收入分配结构的影响,要素收入分配结构的合理程度直接影响经济增长质量。为了提高我国的经济增长质量,应进一步调整我国产业结构,要以升高资源配置效率、促进产业升级为重点,通过产业政策的调整来促进产业结构的升级。在产业政策的制定中,不仅要发展新兴产业,也要关注传统产业,以推进国民经济各个部门技术的现代化。此外,还应在提升产业结构层次的同时,处理好高劳动收入份额的产业与低劳动收入份额的产业关系,实现产业间协调发展,提高劳动收入份额,从而提升经济发展质量。具体来看:第一,注重传统产业结构的升级转换。传统产业作为国民经济的重要基石,新经济时代下,产品的需求日趋多元化,其以往的经营模式与理念已不适应当今社会的发展,应通过大力引进技术和资本,推进产品深加工,形成产业链,运用科学技术提高传统产业的产值,从而增加传统产业中普通劳动者收入,有效提升劳动收入份额,助力经济高质量增长。第二,提高各产业中普通劳动者的工资福利。政府可通过完善技能人才薪酬激励机制,引导企业合理确定技能人才的薪酬水平。此外,还可以以工资增长的幅度与经济增长、劳动生产率的提高相匹配为宗旨,对于不同层次劳动者所面临的问题提出切实可行的措施。推动全国各地区基础教育,促进高等教育内涵式发展,将“人口红利”转变为“人才红利”,把人才资源开发摆在科技创新最优先的位置。第三,深度挖掘第三产业。现阶段我国第三产业主要集中在生活性服务业,难以形成规模优势,从而大幅度提高劳动收入份额。因此,应逐步优化第三产业内部结构,调整第三产业的发展方向,使得第三产业向具有高价值和高就业创造力的生产性服务业发展,从而形成第三产业提高劳动收入份额的产业结构效应,使“经济增长红利”为广大劳动者共享。

第二节　改善人力资本结构

我国人力资源丰富,在经济增长的转型时期,对人力资源的需求从纯粹依赖劳动力数量转变为以依赖劳动力质量为主。人力资本的优化对经济增长质量具有直接的正向作用,一是有助于该地区人力资本自我生产效率的提高,教育程度越高,其生产率提升的速度也就越快,人力资本作用于企业劳动生产率上,提高企业劳动生产率,既而提升社会整体的经济增长质量水平;二是人力资本所产生的正的外部性有助于使得其他生产性要素的生产效率提升,从而提高整体经济效率,带动整体经济发展。同时,人力资本的流动也会通过影响要素收入分配结构进而影响经济增长质量。首先,若经济增长方式仍以粗放为主,第二、第三产业对劳动力的吸纳能力不足,企业入职率不高,人力资本流动所带来的就业收入增长率低,从而劳动收入份额得不到应有提升;其次,由于存在信息不对称以及地区壁垒,制约了劳动力的自由流动,从而使得劳动力不能在短时期内迅速地提升自身职业技能以适应产业结构变迁,导致结构性失业,降低劳动收入份额;最后,在资本和劳动互为替代的情形下,由于技能—资本的互补效应,人力资本流入会导致积累一定的人力资本,而一定程度的人力资本积累会提升资本产出比,这将会抑制劳动收入份额上升。而对于人才流出地来说,经济发展相对落后的地区与经济发展相对发达的地区吸引人才的有形收益不足,高技能劳动者相比低技能劳动者更倾向于较高的劳动者报酬,因而高技能劳动力更易趋向于劳动收入高的地区流动,人力资本流动性偏强。由于高质量人才的流动容易导致低技能劳动者占总劳动者的比重上升,但低技能劳动力不具有较强的工资谈判的能力,在市场机制充分发挥作用的情况下,企业倾向通过榨取低技能劳动者从而获致超额利润,因此低技能劳动力往往表现出对劳动生产率与劳动报酬不匹配的状态,所得实际劳动报酬不高于其应得劳动报酬,在企业利润中分配得更少。

高质量的经济增长往往以高水平的人力资本为基础条件,人力资本是提升经济发展质量的重要因素。而人力资本结构的优化在一定程度上能够调节要素收入分配结构。一方面,需要以“基础教育”和“高等教育”为抓手,全面提升我国人力资本水平,在经济稳步增长的同时实现工资水平同步提升;另一方面,提高就业服务水平,制定好便捷的人才流动政策。提升就业的质量,逐步缩小人才在供给与需求方面的不相匹配局面。实现“人尽其才”,在优化人力资本配置的过程中实现经济发展质量提升。具体措施如下:第一,全面推动基础教育,重点关注农村及偏远地区基础教育。基础教育的推进是一个国家培养适应现代社会人才的必要条件,也是衡量一个国家人力资源素质的重要指标。我国需要加大力度,将目光放在基础教育仍未完全落实的地区,在“精准扶贫”的道路中实现精准完善基础教育。政府部门应更加注重农村基础教育的质量，更新配套一批教育设施投放到农村及偏远地区的中小学校中，完善现代教育教学体系，采用现代化新兴的教学模式，为农村学生的学习营造一个良好的环境。逐步改善城乡教育资源分配不均的局面。第二，促进高等教育内涵式发展，完善薪酬激励机制。充分考虑时代发展所引致的人才需求的变化，不断深化高等教育体制改革以及人才培养的结构调整。通过进一步完善薪酬激励机制，针对不同群体，结合群体特征采用物质激励和精神激励并用的方式，综合运用增加薪资报酬、优化评优奖励、强化权力保护、提升职业技能、增进社会认同等举措调动各群体的积极性、主动性和创造性。针对创新型人才，建议尽快落实实行激励机制向知识价值的增加转变，使得科研人员成果向收益分享转化的比例提高。第三，提高就业质量，实现人力资源的合理配置。依据低技能人才过剩和高技能人才严重不足的现状，我国应实行积极的就业政策，切实解决结构性就业矛盾。通过大规模开展职业技能培训提升低技能劳动力的技能水平。做好法律普及工作，定期进行法律宣传，对于压榨劳动力的企业，应予以严肃处理。对于主动吸纳高校毕业生、退役军人、失业人员等的企业，应予以表彰并提供一定的政策优惠。提供全方位公共就业服务，探索利用移动互联网等现代信息技术手段及时发布劳动力市场供求信息，打造线上线下就业服务平台，为不同群体提供就业信息。

第三节　推动城市化建设

城乡二元经济结构一方面是影响要素收入分配结构的一个关键因素，另一方面也是影响经济增长质量的关键因素之一。城乡二元经济结构对劳动收入分配的影响途径分别为：第一，传统农业中劳动力供给过剩，过量剩余劳动力拉低了劳动者的平均收入，从而使整体的劳动收入份额下降。第二，劳动力在农业部门和现代化部门之间的转移会改变现代化农业部门劳动力的相对谈判能力，低技术劳动者的谈判能力相对于资本者要弱，因而在某种程度上降低了劳动收入份额。第三,制造业部门与服务业部门的产品间的替代弹性较低,劳动力由制造业转移到服务业的数量会减少,故导致制造业部门的劳动力比例提高,但因为劳动力在不同部门间转移是有摩擦的,当城乡差距逐渐扩大时,这部分劳动力向城市转移的速度会远低于资本向城市的转移速度,因而劳动收入相比于资本收入呈现不利的局面,最终导致劳动收入份额趋于下降。第四,城乡二元经济结构中的户籍制度可能也会导致要素收入分配失衡。户籍制度是作为一种制度约束,在城市与农村之间形成壁垒,拉大了城乡之间的差距,减缓二元经济结构转型到一元经济结构的速度,从而导致劳动收入份额的下降。

推动城市化建设能有效提升经济发展质量。实施乡村振兴战略有利于吸纳过剩的农村劳动力,深化户籍制度改革有助于缩小城乡收入差距,打破城市与农村之间形成的壁垒,支持中小城市和特色小城镇发展可以实现以点带面,加速城市化进程。具体措施如下:第一,推进乡村振兴战略,改善农村基础条件,加快推进农业农村现代化建设,加快农村产业结构调整,促进农业与第二、第三产业之间的融合。健全农业社会化服务体系,结合农产品特色品牌以及现代互联网技术,线上、线下双重渠道进行农产品销售,实现小农户和现代农业发展有机衔接,从而有效吸纳农村劳动力,提升农村剩余劳动力的转移速度。第二,帮助农村各类群体转型创收。帮助农业从业人员向新型职业农民转型,帮助农民工向紧缺技能人才转型,帮助农村贫困户劳动者向紧缺型就业岗位转型。将符合“就业援助”条件的失业人员纳入社会救助范围,及时发放失业保险金,保障其基本生活。第三,深化户籍制度改革。完善农村产权制度切实保障农村居民的农村土地承包经营权和集体利益分配权等权利。建立农村产权流转交易平台,方便农村居民向城市转移。加快居住证制度全覆盖,建立行之有效的户口迁移登记政策,促进市民化有序实现。第四,全力支持中小城市特色化发展。加强相邻中小城市的交流合作,强化相邻城市基础性设施共建共享。规划和培育新的城市群,发挥城市群带动辐射效用。推进城市群一体化发展，提高中小城市基础设施的互相联通。

第四节　提高对外开放度

全球化可通过影响我国居民就业和劳动生产率的途径对要素收入分配结构产生作用(尚培培，2011)，从而影响经济增长质量。具体来看，贸易全球化主要通过要素配置、产业结构以及技术进步这三大机制影响劳动收入份额。一是要素配置机制。这里主要从进口与出口商品结构两方面来分析要素配置机制如何对中国要素收入分配结构产生影响。在进口方面，当贸易开放度较低时，外商进入中国市场，一方面利用先进的技术提高要素边际产出率，另一方面依据我国劳动力资源丰富的特征以较低的工资水平雇佣工人，且又因为外资一般先进入资本密集型产业，因而对进口资本密集型商品的比重在要素配置结构中占主要位置。在出口方面，我国主要出口资本密集型商品，特别是相比劳动密集型商品，资本密集型商品的出口呈现上升趋势。二是产业结构机制。经济全球化带来的贸易自由使我国充分发挥劳动力富足的比较优势，为产业结构的调整奠定基础。近年来，随着出口商品结构逐渐向资本密集型商品转变，我国的产业重心也从第一产业向第二、第三产业转移。而这种产业结构转变带来劳动收入份额的正效应未超越劳动报酬变化引起的劳动收入份额的负效应，因而劳动收入份额总体仍呈下降趋势。三是技术进步机制。经济全球化带来的机遇更多，由于国际贸易的发展使得国外先进技术传入我国，许多还不能自主研发或者技术层面不到位的产品，可以先通过效仿学习提高本国产品质量推动技术进步。即贸易全球化推动技术进步，由于我国主要是以低技能劳动者为主，缺少高技能劳动者，因此，进口的多为资本密集型产品，技术进步也多发生在资本密集型行业中，因此，会造成资本占收入分配的比重提高，劳动收入份额下降(吴振华，2015)。

贸易开放度扩大到一定程度时，工资效应将逐渐替代生产率效应。因此，加强和各省乃至各国的贸易联系，互通往来，加强经济合作，在交流中共同成长，最终促进经济增长质量的提升。具体措施如下：第一，加强省际合作。按照合理布局、互利互通、合理分工，加快省际的基础设施融合、促进产业间优势互补以及推进公共服务资源共建共享和基本公共服务一体化建设。首先，统筹规划布局省际交通、能源和信息等基础设施一体化建设。其次，适时推进省际产业合作，做强优势农业、大力支持农业产业经营和标准化生产；加强战略性新兴产业合作。鼓励省际企业加强技术改造和产业配套协作，支持跨区域强强联合和兼并重组，加强省际文化政策、文化产业发展及项目投资信息交流，强化文化产业协作发展。再次，统筹公共服务资源在省际的合理配置，共同搭建省际科技创新平台，加强医疗卫生合作和资源优化配置，推进公共卫生合作。第二，充分引入外资，提高资金使用效率。政府应鼓励外商直接投资充裕的行业和地区率先转型升级，从生产环节的资本和技术引进逐步转向设计、研发、服务等产业链的高端，注重追求引进外资的质量。此外，还需要鼓励外商直接投资进入还未进入的行业，减少外商直接投资带来的产业集聚性，降低外商直接投资的垄断能力。第三，坚持“走出去”和“引进来”并重的国际合作。统一谋划制定“引进来”与“走出去”的相关法律和政策措施。通过吸收外资及其技术、管理经验等，不断提升壮大传统产业，逐步缩小我国弱势产业与国际先进水平的差距。

第五节　深化国企改革

所有制结构的变迁不仅是社会主义市场经济发展的重要特征之一，也影响着我国要素收入分配结构的变化（姜伟，2016）。尽管国有企业表现为向劳动要素倾斜的分配结构，但国有企业由于“所有者缺位”问题严重，造成分配结构的扭曲、错位，扩大了收入不平等，从而影响经济增长质量的提升。从国有企业层面来看，国有企业由于政策负担和预算软约束而导致生产效率低下，劳动者报酬也相对比较低。其一,我国国有企业的数量不断减少,国有企业工业总产值占比不断下降,企业内部裁员以及国有企业员工下岗,造成国有企业的从业人员数量不断减少,不利于提高整体劳动收入份额;其二,国企改革使国有企业劳动生产率得到迅速提升,这种效率的提升会对劳动收入份额带来正向冲击,但经济效率的提升并没有超过工资竞争效应,劳动收入份额还是下降;其三,国有企业在自身发展上,选择了"逆资源禀赋"的技术,降低了国有企业吸纳劳动力的能力,资本的积累速度超过劳动者报酬的增加速度,进一步降低了经济的劳动收入份额。从私营企业层面来看,历年来我国私有制企业发展迅速,劳动者的报酬更加明晰地反映市场的供求关系,市场化的进程使得劳动与资本之间比例不断发生变化,私有企业工业产值和从业人员数都在不断攀升,剩余价值率的不断提高必然造成劳动收入份额的降低。因而,林毅夫(2007)认为发展劳动力相对密集型产业,以及资本密集型产业中劳动力相对密集区段的产业,这样可以增大就业机会,让更多具有劳动力的普通人加入正式的就业市场,获得并分享经济发展的果实。

生产资料的所有制性质是影响经济发展质量的关键因素之一。国有企业应合理分配资本收益,通过不断地深化改革,回归国有资本的原本属性,缩小收入不平等差距,提高劳动收入份额。具体来看:第一,加强工会制度的建设。工会制度建立的核心在于对劳动者的合法权益进行保障。因此,工会可以通过增加劳动力市场信息交流、为失业劳动力提供再培训,以及通过集体合同加强劳动力在区域间的流动等功能,调节劳资市场,减少摩擦失业和结构性失业。第二,针对性地提高国有企业的生产效率。我国国有企业尚未完全按照功能和性质对国有企业进行明确分类,导致国企改革的目标模糊,生产效率提高缓慢,易造成改革成效不明显。因此,政府应按照满足市场多样化需求,通过股权认股和收购以及可转债等方式将国企进行细化分类,推进国企的并购与重组进程,从而让不同类型的国有企业发挥应有的功能,切实提高国有经济的生产效率。相关政府也应进一步限制国企所享有的"特殊待遇",简政放权,降低市场准入门槛,为所有市场参与者营造一个更加公平的竞争环境。通过提高国有企业的生产效率以降低企业的劳动成本,从而提高劳动收入份额。第三,推动国有劳动密集型企业改革。现阶段我国的劳动密集型企业由于在资金、技术和品牌等方面积累不足,基本位于国际产业链低端,但作为我国的优势产业,政府仍应通过改进国有劳动密集型企业的发展模式来推动劳动密集型行业的发展。一是加大财政资金支持力度,降低企业税负,并进一步引导民间投资发展劳动密集型企业,促进相关技术创新的有机融合,对可能产生颠覆性突破的重点企业进行战略布局,以实现双向互动,促进劳动密集型行业提质增效。并鼓励企业在利润最大化前提下尽可能多地创造就业岗位,推动农村更多剩余劳动力向第二、第三产业转移。二是政府应重点扶持县域劳动密集型企业,使其做大做强,以将当地富余劳动力转换成有效劳动力,促进就业。

第六节　推进制度改革

制度变迁对要素市场的结构分配具有重要的作用,当一个地区所处的制度水平越低时,该地区要素市场分割越严重,这会加快资本深化,从而提升资本收入份额;而当一个地区所处的制度水平越好时,资本深化对劳动收入份额的负向影响被抑制,相应地越有利于提高劳动收入份额(朱勇,2015),从而对经济增长质量产生间接影响。我国市场经济体系的制度变迁是从计划经济转向市场经济,体现了政府与市场在经济系统中力量的相对变化(刘长庚,2016)。在计划经济时期,劳动者的工资主要由政府规定,工资依照重工业优先发展战略的最低工资标准制定,劳动者的工资人为地长期维持在低工资模式,因而恶化了劳动收入份额。后来,随着市场经济的改革,虽然市场自由化程度的提高改变了政府集权的状态,促使资本、劳动、技术等生产要素流动性越来越大,有利于提升资源配置效率,促进经济增长,但也产生了一些问题。一方面,以效益优先的市场经济改革,选择先富带动后富的非均衡发展路径,在制度转型期间，为了获得更高的发展速度，我国采取了“高投入、高产出、低消费”的发展模式，使得劳动者工资相对资本报酬来说较低；另一方面，因为我国劳动力资源丰富而资本匮乏，发展初期总体上是以资本主导型为主的粗放型经济，资本报酬占比相对劳动报酬占比要高，以低工资制度为基础的厂商偏向型的制度安排制约了劳动收入份额的提升，恶化了收入差距，一定程度上扭曲了要素收入分配结构。

因此，我国应加快推进制度改革，提高资源配置效率以形成新的生产链和产业链，扩大就业，改善经济发展质量。具体来看：第一，建立健全劳动保护制度。我国经济在 2011 年达到增速峰值后，已经连续五年下滑，随着经济下行压力向就业端传导，国内劳动密集型行业逐渐转移，传统建筑业、加工制造业这类劳动密集型企业的用工需求量不断萎缩，劳动力市场对重点群体的吸纳能力不断下降，从而导致部分重点群体就业难度增加，因而，应切实健全劳动保护制度。第二，完善收入分配制度。政府应加快转变经济增长方式，以缩小收入差距，缓解收入分配不公等问题。主要可以通过在初次分配机制中，逐步提高基本工资在工资性收入中的比重。由于我国不同收入群体分布呈现“金字塔型”，中低收入群体数量大，高收入群体数量小。因此，在工资调整中应着重调整中低收入群体的工资性收入，可建立行业薪酬调查，探索适合各省各行业劳动者的工资水平；在再分配机制中，政府应积极通过调节政策克服市场缺陷，一方面，应重点向中低收入群体实施工资优惠政策，增加中低收入群体可支配收入，以切实逐步缩小各群体间收入差距。另一方面，政府应调节与民生相关的各项公共支出，减轻城乡居民的生活负担，以间接提高收入水平。第三，优化地方财政制度。随着结构调整和去产能去库存的大力推进，在短期内我国仍面临巨大的经济下行压力和就业压力。我国就业问题的解决需要借助政府的宏观调控，而地方财政支出作为我国宏观调控的工具，应当充分发挥其调节优势，缓解就业压力。具体来看，地方政府可通过设立符合本地实情的各项税收政策缩小居民收入分配差距，比如对中微企业实行税费优惠政策，设立创业基金，为中微企业吸纳就业、一次性创业、创业服务体系建设提供补助，还应调整地方政府财政支出的偏向性，将财政支出的重点放在农村税收结构和科学税率的管理上。此外，还应尽快健全各项收入申报制度，增加高收入群体税种，以抑制收入差距的进一步扩大。

参考文献

[1]白俊红、王林东:《创新驱动是否促进了经济增长质量的提升?》,《科学学研究》2016年第11期。

[2]白重恩、钱震杰:《国民收入的要素分配:统计数据背后的故事》,《经济研究》2009年第3期。

[3]钞小静、惠康:《中国经济增长质量的测度》,《数量经济技术经济研究》2009年第6期。

[4]钞小静、任保平:《城乡收入差距与中国经济增长质量》,《财贸研究》2014年第5期。

[5]钞小静、任保平:《中国的经济转型与经济增长质量 :基于 TFP 贡献的考察》,《当代经济科学》2008年第4期。

[6]钞小静、任保平、许璐:《中国经济增长质量的地区差异研究——基于半参数个体时间异质模型的检验》,《江西财经大学学报》2016年第1期。

[7]蔡昉、都阳:《中国地区经济增长的趋同与差异——对西部开发战略的启示》,《经济研究》2000年第10期。

[8]陈丹丹、任保平:《制度变迁与经济增长质量:理论分析与计量检验》,《当代财经》2010年第1期。

[9]陈宇峰、贵斌威、陈启清:《技术偏向与中国劳动收入份额的再考察》,《经济研究》2013年第6期。

[10]蔡昉、都阳、高文书:《就业弹性、自然失业和宏观经济政策——为什么经济增长没有带来显性就业?》,《经济研究》2004年第9期。

[11]程虹、李丹丹:《一个关于宏观经济增长质量的一般理论——基于微观产品质

量的解释》,《武汉大学学报(哲学社会科学版)》2014 年第 3 期。

[12]范从来、张中锦:《提升总体劳动收入份额过程中的结构优化问题研究——基于产业与部门的视角》,《中国工业经济》2012 年第 1 期。

[13]方福前:《中国居民消费需求不足原因研究——基于中国城乡分省数据》,《中国社会科学》2009 年第 2 期。

[14]高帆、汪亚楠:《城乡收入差距是如何影响全要素生产率的?》,《数量经济技术经济研究》2016 年第 1 期。

[15]高艳红、陈德敏、张瑞:《再生资源产业替代如何影响经济增长质量?——中国省域经济视角的实证检验》,《经济科学》2015 年第 1 期。

[16]龚刚、杨光:《论工资性收入占国民收入比例的演变》,《管理世界》2010 年第 5 期。

[17]郭晗、任保平:《基本公共服务均等化视角下的中国经济增长质量研究》,《产经评论》2011 年第 4 期。

[18]郭庆旺、贾俊雪:《中国全要素生产率的估算:1979—2004》,《经济研究》2005 年第 6 期。

[19]郭庆旺、吕冰洋:《论税收对要素收入分配的影响》,《经济研究》2011 年第 6 期。

[20]郭庆旺、赵志耘、贾俊雪:《中国省份经济的全要素生产率分析》,《世界经济》2005 年第 5 期。

[21]郭豫媚、陈彦斌:《中国潜在经济增长率的估算及其政策含义:1979—2020》,《经济学动态》2015 年第 2 期。

[22]黄乾、魏下海:《中国劳动收入比重下降的宏观经济效应——基于省级面板数据的实证分析》,《财贸研究》2010 年第 4 期。

[23]黄先海、徐圣:《中国劳动收入比重下降成因分析——基于劳动节约型技术进步的视角》,《经济研究》2009 年第 7 期。

[24]黄志基、贺灿飞:《制造业创新投入与中国城市经济增长质量研究》,《中国软科学》2013 年第 3 期。

[25]康梅:《投资增长模式下经济增长因素分解与经济增长质量》,《数量经济技术经济研究》2006 年第 2 期。

[26]姜伟:《所有制结构变化对我国劳动收入占比影响的实证研究》,《现代管理科学》2016 年第 8 期。

[27]姜磊、陈坚、郭玉清:《二元经济转型与劳动收入份额:理论与实证分析》,《经

济社会体制比较》2014 年第 4 期。

[28]李稻葵、刘霖林、王红领:《GDP 中劳动份额演变的 U 型规律》,《经济研究》2009 年第 1 期。

[29]刘盾、施祖麟、袁伦渠:《利润拉动还是工资拉动?——对劳动收入份额影响经济增长的理论探讨与实证研究》,《南开经济研究》2014 年第 2 期。

[30]李娟伟、任保平:《国际收支失衡、经济波动与中国经济增长质量》,《当代财经》2013 年第 1 期。

[31]李萍、冯梦黎:《利率市场化对我国经济增长质量的影响:一个新的解释思路》,《经济评论》2016 年第 2 期。

[32]李斌、刘苹:《中国外贸发展方式对经济增长质量影响的实证研究》,《经济问题探索》2012 年第 4 期。

[33]李琦:《中国劳动份额再估计》,《统计研究》2012 年第 10 期。

[34]李强、魏巍:《提高经济增长质量会抑制中国经济增长吗》,《财贸研究》2016 年第 1 期。

[35]李艳、刘国歌:《出口产品质量如何影响区域经济增长质量?——来自广东出口消费品质量调查的证据》,《宏观质量研究》2017 年第 3 期。

[36]刘海英、张纯洪:《中国经济增长质量提高和规模扩张的非一致性实证研究》,《经济科学》2006 年第 2 期。

[37]刘海英、赵英才、张纯洪:《人力资本“均化”与中国经济增长质量关系研究》,《管理世界》2004 年第 11 期。

[38]刘洪、昌先宇:《基于全要素生产率的中国 GDP 数据准确性评估》,《统计研究》2011 年第 2 期。

[39]刘秋生、刘雪娇:《江苏产业结构变动对经济增长质量的影响》,《商业研究》2013 年第 12 期。

[40]刘树成:《论又好又快发展》,《经济研究》2007 年第 6 期。

[41]刘亚建:《我国经济增长效率分析》,《思想战线》2002 年第 4 期。

[42]刘艳、马占新:《基于省际面板数据的我国经济增长质量测度与分析》,《中国物价》2014 年第 1 期。

[43]陆万军:《收入分配对经济增长的影响机理与传导机制》,《经济学家》2012 年第 5 期。

[44]罗长远、陈琳:《融资约束会导致劳动收入份额下降吗?——基于世界银行提供的中国企业数据的实证研究》,《金融研究》2012 年第 3 期。

[45]罗长远、张军:《劳动收入占比下降的经济学解释——基于中国省级面板数据的分析》,《管理世界》2009 年第 5 期。

[46]吕冰洋、郭庆旺:《中国要素收入分配的测算》,《经济研究》2012 年第 10 期。

[47]吕光明、李莹:《中国劳动报酬占比变动的统计测算与结构解析》,《统计研究》2015 年第 8 期。

[48]吕光明:《我国劳动报酬占比测算中的几个数据质量问题》,《商业经济与管理》2015 年第 5 期。

[49]吕光明:《中国劳动收入份额的测算研究:1993—2008》,《统计研究》2011 年第 12 期。

[50]谭晓鹏、钞小静:《中国要素收入分配再测算》,《当代经济科学》2016 年第 6 期。

[51]马轶群、史安娜:《金融发展对中国经济增长质量的影响研究——基于 VAR 模型的实证分析》,《国际金融研究》2012 年第 11 期。

[52]毛其淋:《二重经济开放与中国经济增长质量的演进》,《经济科学》2012 年第 2 期。

[53]彭越、张佳睿:《经济增长质量视角下高等教育结构改革》,《北京教育(高教)》2018 年第 2 期。

[54]任保平:《经济增长质量:理论阐释、基本命题与伦理原则》,《学术月刊》2012 年第 2 期。

[55]邵敏、黄玖立:《外资与我国劳动收入份额——基于工业行业的经验研究》,《经济学(季刊)》2010 年第 4 期。

[56]沈国云:《外商直接投资、对外开放与经济增长质量——基于中国汽车产业的经验实证》,《经济问题探索》2017 年第 10 期。

[57]沈坤荣、傅元海:《外资技术转移与内资经济增长质量——基于中国区域面板数据的检验》,《中国工业经济》2010 年第 11 期。

[58]随洪光、刘廷华:《FDI 是否提升了发展中东道国的经济增长质量——来自亚太、非洲和拉美地区的经验证据》,《数量经济技术经济研究》2014 年第 11 期。

[59]尚培培:《全球化对我国劳动收入份额的影响研究》,东北财经大学 2011 年硕士学位论文。

[60]沈利生:《从投资比重上升看经济增长质量》,《宏观经济研究》2011 年第 1 期。

[61]石涛、张磊:《劳动报酬占比变动的产业结构调整效应分析》,《中国工业经

济》2012年第8期。

[62]随洪光、段鹏飞、高慧伟、周瑾:《金融中介与经济增长质量——基于中国省级样本的经验研究》,《经济评论》2017年第5期。

[63]石涛、张磊:《劳动报酬占比变动的产业结构调整效应分析》,《中国工业经济》2012年第8期。

[64]邵帅、李欣、曹建华、杨莉莉:《中国雾霾污染治理的经济政策选择——基于空间溢出效应的视角》,《经济研究》2016年第9期。

[65]汪伟、郭新强、艾春荣:《融资约束、劳动收入份额下降与中国低消费》,《经济研究》2013年第11期。

[66]王雄元、黄玉菁:《外商直接投资与上市公司职工劳动收入份额:趁火打劫抑或锦上添花》,《中国工业经济》2017年第4期。

[67]王博、邵全权:《保险业市场结构调整能提升经济增长质量吗?》,《产业经济研究》2015年第1期。

[68]王积业:《关于提高经济增长质量的宏观思考》,《宏观经济研究》2000年第1期。

[69]王燕、陈欢:《技术进步偏向、政府税收与中国劳动收入份额》,《财贸研究》2015年第1期。

[70]王竹君:《中国技术创新对经济增长质量的影响分析》,《生产力研究》2014年第6期。

[71]魏婕、任保平:《中国各地区经济增长质量指数的测度及其排序》,《经济学动态》2012年第4期。

[72]魏下海、余玲铮:《中国全要素生产率变动的再测算与适用性研究——基于数据包络分析与随机前沿分析方法的比较》,《华中农业大学学报(社会科学版)》2011年第3期。

[73]吴江、周秀帅:《劳动收入份额影响经济增长的实现机制》,《求索》2011年第7期。

[74]肖欢明:《基于绿色GDP的我国经济增长质量测度》,《统计与决策》2014年第9期。

[75]肖文、周明海:《贸易模式转变与劳动收入份额下降——基于中国工业分行业的实证研究》,《浙江大学学报(人文社会科学版)》2010年第5期。

[76]徐蔼婷:《劳动收入份额及其变化趋势》,《统计研究》2014年第4期。

[77]詹新宇、崔培培:《中国省际经济增长质量的测度与评价——基于“五大发展

理念”的实证分析》,《财政研究》2016 年第 8 期。

[78]詹新宇、王素丽:《财政支出结构的经济增长质量效应研究——基于“五大发展理念”的视角》,《当代财经》2017 年第 4 期。

[79]张杰、陈志远、周晓艳:《出口对劳动收入份额抑制效应研究——基于微观视角的经验证据》,《数量经济技术经济研究》2012 年第 7 期。

[80]张莉、李捷瑜、徐现祥:《国际贸易、偏向型技术进步与要素收入分配》,《经济学(季刊)》2012 年第 2 期。

[81]张苏、唐婧:《教育财政投入、人力资本与中国经济增长实证分析》,《求索》2010 年第 6 期。

[82]张长征、李怀祖:《中国教育公平与经济增长质量关系实证研究:1978—2004》,《经济理论与经济管理》2005 年第 12 期。

[83]赵锦春、谢建国:《有效需求、劳动力要素分配与劳动生产率——兼论要素分配与我国经济增长方式转型》,《山西财经大学学报》2014 年第 6 期。

[84]赵俊康:《我国劳资分配比例分析》,《统计研究》2006 年第 12 期。

[85]赵英才、张纯洪、刘海英:《转轨以来中国经济增长质量的综合评价研究》,《吉林大学社会科学学报》2006 年第 3 期。

[86]周明海、肖文、姚先国:《中国经济非均衡增长和国民收入分配失衡》,《中国工业经济》2010 年第 6 期。

[87]周信君:《论提高劳动收入份额对我国经济增长的影响》,《中国劳动》2014 年第 12 期。

[88]邹薇、袁飞兰:《劳动收入份额、总需求与劳动生产率》,《中国工业经济》2018 年第 2 期。

[89]邹红、喻开志:《劳动收入份额、城乡收入差距与中国居民消费》,《经济理论与经济管理》2011 年第 3 期。

[90]朱勇、张建武:《资本深化、制度变迁与劳动收入份额——基于中国省级面板数据的实证研究》,《金融与经济》2015 年第 6 期。

[91]张车伟、张士斌:《中国初次收入分配格局的变动与问题——以劳动报酬占 GDP 份额为视角》,《中国人口科学》2010 年第 5 期。

[92]郑玉歆:《全要素生产率的再认识——用 TFP 分析经济增长质量存在的若干局限》,《数量经济技术经济研究》2007 年第 9 期。

[93]周建、高静、周杨雯倩:《空间计量经济学模型设定理论及其新进展》,《经济学报》2016 年第 2 期。

[94] Alan B. Krueger, "Measuring Labor's Share, American Economic Review", *American Economic Association*, Vol. 89, No. 2, 1999.

[95] Acemoglu D., "When Does Labor Scarcity Encourage Innovation?", *Journal of Political Economy*, Vol. 6, 2010.

[96] Blanchard O. J., "The Medium Run", *Brookings Papers on Economic Activity*, 1997.

[97] Barro R. J., "Quantity and Quality of Economic Growth", *Working Papers from Central Bank of Chile*, 2002.

[98] Barro R. J., Sala-i-Mart X., "Convergence", *Journal of Political Economy*, 1992.

[99] Bhaduri A., Marglin S. A., "Unemployment and the Real Wage: The Economic Basis of Contesting Political Ideologies", *Cambridge Journal of Economics*, Vol. 14, No. 4, 1990.

[100] Bentolila, Samuel, and G. Saintpaul, "Explaining Movements in the Labor Share", *Contributions in Macroeconomics*, Vol. 3, No. 1, 2003.

[101] W. M. Naastepad, "Technology, Demand and Distribution: A Cumulative Growth Model with an Application to the Dutch Productivity Growth Slowdown", *Cambridge Journal of Economics*, 2006.

[102] Croix, David De La, and M. Doepke, "Public versus Private Education When Differential Fertility Matters", *Journal of Development Economics*, Vol. 73, No. 2, 2004.

[103] Decreuse B., Maarek P., "FDI and the Labor Share in Developing Countries: A Theory Andsome Evidence", *HAL*, 2008.

[104] Guscina A., "Effects of Globalization on Labor's Share in National Income", *Social Science Electronic Publishing*, No. 6, 2007.

[105] Galor O., Zeira J., "Income Distribution and Macroeconomics", *The Review of Economic Studies*, Vol. 60, No. 1, 1993.

[106] Lucas R., "On the Mechanics of Development Planning", *Journal of Monetary Economics*, Vol. 22, 1988.

[107] Marouani M. A., Nilsson B., "The Labor Market Effects of Skill-biased Technological Change in Malaysia", *Working Paper*, December, 2014.

[108] Murphy K. M., Shleifer A., Vishny R. W., "Income Distribution, Market Size, and Industrialization", *Quarterly Journal of Economics*, Vol. 104, No. 3, 1989.

[109] Harrison A. E., "Has Globalization Eroded Labors Share? Some Cross-Country Evidence", *UC Berkeley and NBER*, 2005.

[110] Hein E., Vogel L., "Distribution and Growth Reconsidered: Empirical Results for Six OECD Countries", *Cambridge Journal of Economics*, 2008.

[111] Montfort Mlachila, René Tapsoba, Sampawende J. A. Tapsoba, "A Quality of Growth Index for Developing Countries: A Proposal", *Social Indicators Research*, 2014.

[112] Neumeyer P. A., Perri F., "Business Cycles in Emerging Economies: The Role of Interest Rates", *Journal of Monetary Economics*, Vol. 52, No. 2, 2001.

[113] Uzawa H., "Optimum Technical Change in an Aggregative Model of Economic Growth", *International Economic Review*, Vol. 6, No. 1, 1965.

[114] Olivier J. Blanchard, "The Medium Run", *Brookings Papers on Economic Activity*, No. 2, 1997.

[115] Zuleta, Hernando, "Factor Saving Innovations and Factor Income Shares", *Review of Economic Dynamics*, Vol. 11, No. 4, 2008.

后　　记

《我国要素收入分配结构对经济增长质量的影响及其调整对策研究》是国家社会科学基金青年项目、陕西省"特支计划"青年拔尖项目、陕西省普通高等学校优势学科建设项目的成果。

经济增长质量问题是我们团队长期专注研究的方向，2013 年我以要素收入分配结构与经济增长质量为主题申请国家社会科学基金并成功获得立项。之后，围绕这一问题，我和我指导的研究生们撰写并发表了一系列的学术论文，先后获得陕西省哲学社会科学优秀成果奖一等奖、陕西高校人文社会科学优秀成果奖一等奖、第一届洪银兴经济学奖等多项奖励。本书就是在这些学术论文基础上，进行反复修改、扩展研究所形成的。

在本书的写作过程中，团队的学生们对于我研究工作的推进提供了大量帮助。我指导的硕士研究生谭晓鹏、薛志欣、廉园梅、李俏、袁博参与了部分章节初稿的撰写，廉园梅协助我完成了第一章文献的收集与梳理工作，袁博协助我完成了第二章第二节数理模型构建的工作，谭晓鹏协助我完成了第三章和第五章的数据处理工作，李俏协助我完成了第四章的综合评价工作，薛志欣协助我完成了第六章的地区差异分析，并和我一起完成了整个书稿的统稿工作，在此向他们表示衷心的感谢。本书的顺利完成，离不开大家的辛勤劳动，这是我们团队的集体成果。

感谢我的导师任保平教授在本书的选题、撰写与出版过程中给予的悉心指导，并在百忙之中为本书作序。同时，感谢经济增长质量研究团队魏婕副教授、郭晗副教授、李勇副教授在本书的大纲设计、内容组织等方面提出的建设性意见，感谢西北大学社科处李丰庆、邵平老师在项目申请、推进与结题过程中给予的热心帮助，感谢经济管理学院何爱平教授、茹少峰教授、马莉莉教授、高煜教授、杜勇书记、吴振磊院长、李一凡副院长、师博副院长、李辉副院长对本书给予的大力支持。感谢人民出版社经济与管理编辑部负责人郑海燕老师对本书提出的有益建议与细致编辑，使本书增色不少。

钞小静

2019 年 10 月于西北大学长安校区

丛书策划:蒋茂凝
策划编辑:郑海燕
封面设计:石笑梦
版式设计:胡欣欣
责任校对:苏小昭

图书在版编目(CIP)数据

我国要素收入分配结构对经济增长质量的影响及其调整对策研究/钞小静 著. —北京:人民出版社,2020.7
ISBN 978-7-01-022202-8

Ⅰ.①我… Ⅱ.①钞… Ⅲ.①按要素分配-收入分配-影响-中国经济-经济增长质量-研究 Ⅳ.①F124

中国版本图书馆 CIP 数据核字(2020)第 098425 号

我国要素收入分配结构对经济增长质量的影响及其调整对策研究
WOGUO YAOSU SHOURU FENPEI JIEGOU DUI JINGJI ZENGZHANG ZHILIANG DE YINGXIANG JIQI TIAOZHENG DUICE YANJIU

钞小静 著

人民出版社 出版发行
(100706 北京市东城区隆福寺街 99 号)

中煤(北京)印务有限公司印刷 新华书店经销

2020 年 7 月第 1 版 2020 年 7 月北京第 1 次印刷
开本:710 毫米×1000 毫米 1/16 印张:13.25
字数:200 千字

ISBN 978-7-01-022202-8 定价:56.00 元

邮购地址 100706 北京市东城区隆福寺街 99 号
人民东方图书销售中心 电话 (010)65250042 65289539